华侨博物院藏品精华

华侨博物院 编

文物出版社

封面设计：许汉阳
摄　　影：刘小放
责任印制：王少华
责任编辑：张广然　贾东营

图书在版编目（ＣＩＰ）数据

华侨博物院藏品精华 / 华侨博物院编. —北京：文物出
版社，2009.10
　ISBN 978-7-5010-2846-7

　Ⅰ.华… Ⅱ.华… Ⅲ.博物馆—历史文物—简介—厦门
市 Ⅳ.K872.571

中国版本图书馆CIP数据核字（2009）第175182号

华侨博物院藏品精华

华侨博物院　编

文物出版社出版发行
（北京东直门内北小街 2 号楼　邮政编码 100007）
http://www.wenwu.com
E-mail: web@wenwu.com
北京图文天地制版印刷有限公司印制
新华书店经销
889×1194　1/16　印张：17.75
2009年10月第1版　2009年10月第1次印刷
ISBN 978-7-5010-2846-7
定价：280.00元

陈嘉庚的博物大观与金石情怀

华侨博物院院长　丁炯淳

在厦门五老峰北麓的蜂巢山下，有一座气势不凡中西合璧的白色花岗岩建筑，那重檐屋顶的绿色琉璃，那神采飞扬的翘檐，在蓝天白云绿地的衬托下，庄严肃穆中又带着几分神秘。这里虽没有邻近的南普陀寺悠远深沉的钟声，却分明传来着远古的回音，由远及近，既透着些许历史沧桑的沉重感，又显示出昂扬向上的豪迈气势——这里就是著名爱国华侨领袖陈嘉庚先生创办的华侨博物院。

华侨博物院创办人陈嘉庚先生，是中国近现代史上一位具有特殊地位的伟人。他"倾资兴学"创办集美学村、厦门大学就是以其独特的方式，实现着自己的以兴学为天职，教育立国，推动社会改革进步的理想。华侨博物院是先生晚年创办的社会教育机构，与集美学村、厦门大学以及鳌园一起，成为先生实现其伟大教育思想的有机组成部分。

20世纪50年代初，陈嘉庚先生到祖国各地视察，同时参观了许多博物馆，他目光如炬，看到了"博物馆关系社会教育颇巨"，因而作出了一项与建校办学模式不同的决策，大力提倡和捐资兴办博物馆，将之纳入他大教育的范畴。他在1956年9月20日撰写的《倡办华侨博物院缘起》一文中指出："解放后人民政府发展社会主义的文化建设，新设了很多博物馆，这是很可喜慰的事。我认为社会主义建设是人民应尽的责任。我是华侨，很希望侨胞们也来尽一部分责任。因此我建议由华侨设立一所大规模的博物馆。馆址可设在华侨故乡出入国的港口，既可给国内人民公共应用，又可给归国华侨观览，两者均受其益。"并热切地向侨胞呼吁："侨胞们：这是我们效力祖国建设的绝好机会，无论你们已回到国内，或还在海外，应该各尽各人的力量，负起责任来帮助祖国做好这一建设，或把珍奇的陈列品以及有关公私纪念的文物捐献出来，以丰富本博物院的内容，无任欢迎之至。"先生带头捐了十万元，包括其子女在内的30位华侨、侨界人士以及一家海外侨资公司，纷纷响应，共得捐款三十七万零五百元。先生将拟建的博物馆以华侨博物院为名，是拟下设人类博物馆、自然博物馆、华侨和南洋博物馆、工农业博物馆等四个馆，分别"陈列古代历史文物和现代民族标本等"；"陈列动物植物矿物地质生理卫生等标本"；"陈列南洋各国历史地理经济政治以及华侨情况等文物，模型，图表"；"陈列祖国革命及新建设的实物模型图表等。其他博物馆得依需要及条件许可,以次增设"。先生认为,博物院因规模要比一般博物馆大,故以院为总称。至于不冠以厦门地名,是因为博物院乃华侨设立,故应以华侨为名,以区别于地方设立的性质。华侨也不限于厦门一地。而且其内容是全国性、世界性的。先生从定名开始,就为华侨博物院今后发展确定了方向,留下了广阔的空间。

为了让民众获得"直观"的教育,陈嘉庚先生在庄明理、张楚琨的陪同下,多次亲往北京、天津和上海等地购买文物,并致函南洋华侨社团征集文物和动物标本。华侨博物院6000多件文物藏品,除部分是华侨个人或机构所捐外,大部分是陈老先生当年从北京等地由政府监定价格的文物店购得,许多动物标本则来自福州的标本店。他选定的古代文物以陶瓷器、书画、青铜器、杂项为主,不但种类具有代表性,而且在数量和品种上,具有相当的年代跨度。另外还有部分日本的陶瓷、七宝烧、书画以及外国艺术品,另有鸟兽类标本数百件,种类繁多,且不乏珍稀品种。他在1957年10月15日写给陈永定的信中说到,"今年各省多已重视博物馆,如古代墓内之物,素时贩店以北京、天津、上海三处为市场,今日天津上海均空空如也,独北京尚些有,……我鉴于此种情况,今日如不下手,加几月北京亦空了","至历代古物识者甚少,我更一无所知,所靠者自解放后,所有各物均为政府监定价值……该物是汉唐或是宋明,从何处出土,均贴明保证,故信心不患被欺诈,选择十余次经月余,尽彼外地搜罗……似乎一扫而空,现尚存多少,系我选遗者"。足见先生目光之敏锐和远见。先生当年仅花费数万元即购得如此宝藏,以今视之,其价值当难以估量。而更重要的是,先生将这些珍贵文物收藏了下来,成为社会的财富。

谈到华侨博物院的藏品,就不能不提到陈永定先生。他是陈嘉庚的族亲,在建院伊始,受先生之托,从厦门大学建筑部主任的岗位,来到先生亲自选定的院址,实施了这一工程的建设计划。其后,他长期主持华侨博物院的工作直至1990年退休(现为名誉院长)。出于对先生及其事业的景仰和热爱,陈永定先生同时亲自承担了院藏文物的保管工作,为先生这笔社会教育遗产的保护整理和陈列展出,倾注了大半生的心力,特别是在"文革"初期的混乱局面下,发动全家人连夜转移文物藏品,封存于暗室,避免了一场随时可能发生的浩劫,其功永志院史!

作为先生手创的事业,作为目前国内唯一系统展示华侨华人历史和业绩的特色博物馆,五十年来,华侨博物院在海内外产生了深远的影响,在祖国的博物馆园地中,也是一枝独秀的奇葩。特别是1984年华侨博物院列为事业单位后,在中共厦门市委市政府的大力支持下,在市委统战部的领导下,各项工作逐渐走上正轨。华侨博物院秉承陈嘉庚的办院精神,事业不断发展进步。2005年华侨博物院的《华侨华人》展,荣获国家文物局主办的"第六届全国博物馆十大陈列展览精品评选最佳新技术、新材料运用奖"。2009年9月，《华侨华人》展又获得福建省博物馆陈列展览精品特别奖的殊荣。2006年7月，中国博物馆学会张文彬理事长在致华侨博物院领导的信函中说："华侨博物院是我国最重要的博物馆之一，贵馆以其特色优势和在国际上的影响力而在业界和社会公众中享有崇高的地位，近年来贵馆业务上的巨大成就以及综合功能全面提升计划更为业界所瞩目。"这是业界对华博的高度评价。2008年5月18日"国际博物馆日"之际，国家文物局公布83家首批"国家一级博物馆"，华侨博物院名列其中。

华侨博物院自建院以来，在侨史文物资料征集、侨乡调查、侨史研究、侨史展览等方面，也作出了长期的不懈努力。积累了大量的有关资料、图片、照片、音像、文物和实物。现有侨史文物近3000件，照片底片资料20000多件。

1994年底，我从执教十多年的厦门大学历史系考古教研室，调入华侨博物院工作。在保管部工作期间，有缘在这座神秘的殿堂里，一次次地作着美的巡礼，而令我心往神追的，不仅仅是这座中外合璧建筑的神韵，也不仅仅是那些饱含着先民智慧和心血结晶的古代文物，我是看到了这位伟人的身影，在我的眼前，如丰碑如高山，令人仰止，发人沉思。这位伟人的博物馆教育思想，凝成了蜂巢山下这座不朽的建筑，化作了洋洋大观之文物博览。面对这既反映了中国古代的灿烂文化，又有南洋和欧日风情文化艺术的器物，我看到了先生睿智的目光，穿透古今中外的真知灼见和"观乎人文，以化成天下"的金石情怀。联想到先生在集美所建的"露天博物馆"——鳌园内，那嵌满了长廊和墙壁的666幅石雕石刻作品，内容从历史故事、中国革命、生产建设、天文地理、山川物产一直到社会风情等等，构成了洋洋洒洒的"博物大观"，更感受到他是一位胸襟能够容纳百川大海、天地博物的社会教育大家。

编辑出版《华侨博物院藏品精华》，是多年来的夙愿。我们从各种类别的藏品中选出400余件精品，有中国古代陶瓷器、明清及近现代书画、古代青铜器、杂项、外国文物、侨史文物等6大类。除了侨史文物类择自建院50年以来的征集所得之精品外，其余均为陈嘉庚建华侨博物院就收藏的。外国文物在国内留存的并不是特别多，华侨博物院有幸收藏部分，这是陈嘉庚放眼看世界的生动写照。录其最为精华者，亦是不可或缺。

陶瓷器选了58件。列为国家一级文物的就有9件：1. 汉褐釉堆贴熊纹五罐瓶。其可贵之处在于器身呈葫芦形和饰以熊纹，这在汉代褐釉五罐瓶中少见。2. 辽三彩塔。通高107厘米，分段制作组合成一体，造型大气，风格独特，其器形在国内博物馆辽瓷陈列中罕见。3. 西夏黑釉剔花双耳瓶。白地黑花，釉黑如漆，对比强烈，纹饰简练豪放，具有极高的民间艺术价值。4. 金山西窑白釉刻花长方枕。特点是器形大，不似常见的较小器形的明器。应为实用器。其刻花纹饰优美洗练，如意云头折枝花果，生动地透出民间乡土气息，器底并有墨书款，不失为珍品。5．明黑釉印卷草纹四耳罐。器身下周的模印覆莲瓣纹，具有典型的明永乐特征，此釉色之器形独一无二，其珍稀程度名列9件一级文物之首。6．明嘉靖款青花缠枝莲纹缸。7．乾隆款青花缠枝莲托八宝纹双铺耳尊。这两件青花，均是釉色纯正，纹饰华美，造型规整，品种珍贵，品相几无瑕疵而令人赏心悦目。8．清漳州窑白釉观音塑像，是明末清初福建漳州窑所产。在漳州窑产品中属于较少的品种，人物塑像传世稀少，观音塑像也为仅见，虽为民窑制作，作风平实，却是神态慈祥，韵味无限，实属难得。9．乾隆釉里三色百鹿纹双螭耳瓶。釉里三色指的是釉里青花、釉里红和褐三色，这也是一件难得的珍稀品种，在青花瓷种类中，常见青花、斗彩、青花釉里红或青花五彩，如此三色组合则是少有。此件百鹿瓶，百鹿栩栩如生，器形大而完美。此外，尚未列入国家一级的陶瓷器，其中也不乏珍品。

书画入选56幅。其中明代14幅，清代40幅，民国2幅。明代作品画作10幅，其中有无款之《兰亭修禊图卷》，纵25、横1060厘米，在明清的《兰亭修禊图》中，有10米绢地长卷者并不多见，绢地虽不密致，但人物刻画清风道骨，飘飘欲仙，把名士聚会会稽兰亭，曲水流觞，饮酒赋诗的气氛渲染得令人心往神追。明代书法作品4幅中有叶向高、陈继儒、张瑞图、胡靖法师的作品。清代画作13幅：戴明说山水图轴、康熙何元英仿北苑山水图轴、孔毓圻兰石图轴、高其佩云溪乏舟图轴、边寿民芦雁图轴、缂丝寿星图轴、乾隆绢地三杰图轴、罗汉唐卡、朱琏孔雀牡丹图轴（2幅）、芙蓉鸳鸯图轴、任熊人物图轴、任预鸟巢禅师画轴等。其余27幅为书法作品，有康熙、雍正、乾隆、嘉庆、道光御笔和乾隆皇六子爱新觉罗·永瑢行书。而用五色纻丝制作的满汉诰命卷轴，亦是珍贵。其他作品如金冬心隶书、梁山舟行书、朱琏行书、宋曹草书、刘石庵行书、张石舟行书、吴山尊草书、蒋衡字条、左宗棠七言字对、何焯草书、郑孝胥行书、陈希祖行书、乾隆蒋仁字、董石艾草书等，也是名家之作。近代则选徐悲鸿《怒马图》和《柏树图》两幅。《怒马图》是徐悲鸿抗战时期在新加坡所作，弥足珍贵。

华侨博物院院藏铜器，虽数量不多，但从战国时期的铜剑到汉唐、宋元、明清的器物，在福建省尚属少见。不少器物器形大，制作精美，富有特色。如汉代的五铢铜勺（内底"五铢"）、铜弩机、车马纹铜鼎、铜带钩、兽面衔环双耳扁壶、提梁铜卣，唐代的錾花鎏金铜豆，宋代的兽钮盖铜鼎、三连铜炉、双鱼婴戏莲纹铜洗、错金银鸟兽纹铜罍、联珠纹分格铜釜，元代的准提菩萨坐像，明代的诸葛铜鼓、鎏金观音坐像、百环花瓠，清代的康熙海水瑞兽纹熏炉、乾隆景泰蓝鎏金熏炉等。

杂项类收入47组49件。主要有唐至清代玉器39件，其他为明清象牙艺术品和剔红漆雕、木雕、竹雕、现代木雕等。玉器中不乏各代精品。象牙作品中，镂空雕象牙笔筒、象牙雕人物笔筒均为清代象牙笔筒中的精妙之作。明达摩过江木雕，为明代木雕工艺中的佳作。清漆雕剔红如意，为脱胎剔红漆器，精美华丽，层次鲜明，立体感强，可为福建剔红漆雕的标准器。明漆金木雕绿度母佛像，造型饱满，形象华贵，雕工精细，工艺考究，为明代木雕佛像中十分难得的珍品。清代的人物山景竹雕，利用竹根自然形状雕琢，整体构思巧妙，雕工精致，具有明显的清代特征，是竹雕中的上品。

外国文物类选了23组（76件）。其中10组63件南洋文物、5件日本文物和8件欧洲文物。南洋文物有缅甸社会生活铜像组雕、柬埔寨铜豆、印度尼西亚峇里木雕神像、印度尼西亚苏门答腊古刀、印度尼西亚短曲剑、印度尼西亚的甘美兰（Gamelan）乐器，马来亚短佩剑、泰国铜佛盘、泰国佛龛，这些艺术品具有浓厚南洋情调。还有一尊缅甸释迦牟尼玉石雕像，更是难得的佛教造像珍品。日本近代陶瓷和七宝烧也是院藏外国文物中的佼佼者，精品多，大器多，有的在日本也是非常珍稀的。图录中有九谷款彩绘描金大立像观音和彩绘描金开光婴戏图大瓶两件日本陶瓷。而日本的七宝烧类似中国的铜胎珐琅器，设色明丽，华贵精致。黄地彩凤凰七宝烧壶、红地菊花七宝烧香熏，都是难得一见的珍品。日本的绿毛龟铜山子，虽是上世纪30年代的作品，但造型奇特，工艺精巧，也收录其中。欧洲的文物如奥地利蓝釉堆塑花卉瓶、奥地利浅浮雕风景挂盘、德国彩绘描金开光风景瓷钟座、德国素胎瓷塑孩童像、英国蓝地堆塑人物提梁罐、法国蓝地开光彩绘人物风景双耳瓶、俄罗斯乌拉山矿石雕塑台壶等，都是非常珍贵的艺术佳作，在国内其他博物馆中也是极为难得的。

侨史文物是华侨博物院以"侨"为主要特色的直接载体。我们从近3000件的藏品中选了66组140件。其中有几件藏品与陈嘉庚先生有关。如"陈嘉庚剑"，这是1940年南洋华侨筹赈祖国难民总会主席陈嘉庚组织南洋华侨回国慰劳视察团回国慰问抗日军民，于9月23日抵浙江龙泉，当地各界敬赠先生的一把"龙泉剑"。剑身所书 "披荆斩棘为国增光"、"陈嘉庚惠存 浙江龙泉各界敬赠 廿九年九月"等字样，显示其价值所在。又如先生担任新加坡怡和轩俱乐部主席时使用过的红木螺钿家具，为二几二椅四件套。新加坡怡和轩俱乐部成立于1895年，先生1923当选为该俱乐部总理（后改称主席）并蝉联至1947年。在此期间，怡和轩俱乐部成为各帮华侨侨领聚会和陈嘉庚团结广大侨胞、组织华侨运动的处所，新加坡怡和轩俱乐部有着特殊的历史意义。1999年怡和轩俱乐部将这套家具捐赠我院。还有先生在建院过程中写给陈永定的两封书信，先生在信中对施工提了许多具体要求，包括大楼前石阶体式，他认为"博物院门前体式不甚雅观，不若半月圆式之佳，兹拟将改为半圆式"，先生定出了每阶的尺度，是要方便观众上落。他认为"石阶为本院重要大众参观经过，要雅妙美观为至要"，拆下的旧石阶，要运到集美学校再利用。而造陈列橱柜的木料，要加以善用，"如剩余不合用者，按可作学校桌椅亦好"。陈嘉庚建筑之所以独具特色，在于他有独特的审美和实用的视角，他勤俭办一切事业的精神，也由此可见一斑。而陈嘉庚有限公司广告，是陈嘉庚公司于1931年被迫改组为陈嘉庚有限公司至1934年企业收盘期间的商品广告。此广告中间图案为陈嘉庚有限公司的"钟"牌商标，钟的图形内有一"中"字，寓意祖国永在心中，爱国警钟长鸣。商标周围为该公司所经营的种类繁多的产品，并有呼吁购买国货的小诗，反映了陈嘉庚实业救国的思想。亚非会议纪念方巾，是1957年10月13日印尼华侨甘水凤赠送给先生留念的，这是华侨感念新中国在国际舞台上展现魅力风采，特意收藏而赠送给他们敬仰的先生的。在华侨博物院展厅二楼前厅墙壁上，嵌着一组由白色花岗岩石和青草石相间的底座，正中为一幅人物群雕的青草石浮雕作品。其原委是先生受毛泽东主席之邀，回国参加筹备新政协，1949年9月17日，人民政协筹委会全体常务委员在北京勤政殿前合影，先生将这一重大历史时刻铭刻在石，将全体合影者以人物浮雕的形式依次列出：一排左起，谭平山、朱德、张奚若、马寅初、陈叔通、毛主席、沈钧儒、李济深、陈嘉庚、沈雁冰、张澜；二排左起，周恩来、林伯渠、章伯钧、黄炎培、蔡畅、马叙伦、郭沫若、李立三、蔡廷锴、乌兰夫。并在左侧镌刻如下文字："予以祖国解放胜利空前，国际地位因而提高，海外华侨对人民政府和毛主席均表衷心拥戴，筹备会负组织新政协的重责，在扩大范围增广名额上，方面既要偏周，人选必须审慎，庶可配合政府，相得益彰。故当时建议如此，今加铭刻，永志弗忘。陈嘉庚题。"类似的浮雕，在集美鳌园也有一幅，但这件石雕设计和制作更为精美细致，形式和内容均是完整圆满，人物形象俱佳，具有重大史料价值和艺术价值，而且是先生在建院时就嵌在墙上的，在室内保存，至今完好，弥足珍贵。还有一幅何香凝的画作与先生有关，1961年先生病重，其长子陈济民从新加坡来北京探视，期间何香凝将自己一幅花卉国画题赠陈济民夫妇，表达了与陈嘉庚的友谊和对他的祝福。

此外，侨史文物的种类繁多，基本上是建院50年来海外华侨华人、归侨侨眷和外国友人捐赠以及华侨博物院调查征集所得。大体上反映了华侨华人历史发展的脉络。反映华侨在当地不同时期的有关经济、文化、生产生活、社会习俗、融合当地、办学、会馆、公司、企业、华侨筹赈祖国难民、支援祖国抗战、爱国爱乡等等的藏品，都具有一定的代表性，是华侨华人历史和贡献的一个缩影。

百闻不如一见。相信读者诸君观赏了这琳琅满目的一切，你在感叹文化之神奇伟大的同时，从中也能够体会到创办这座文化殿堂的陈嘉庚先生的博大胸襟、远见卓识和独特的伟大教育思想！

图版目录

铜 器

侨史文物

陶　瓷

1. 粗绳纹陶鬲

商

口径18.6、高14.2厘米

口沿外敞，三袋足，炊器。鬲的外形似鼎，但三足内空，是为了增大受热面积
以更好地利用热能，所饰粗绳纹亦有此功效并有装饰作用。

（曾焕光）

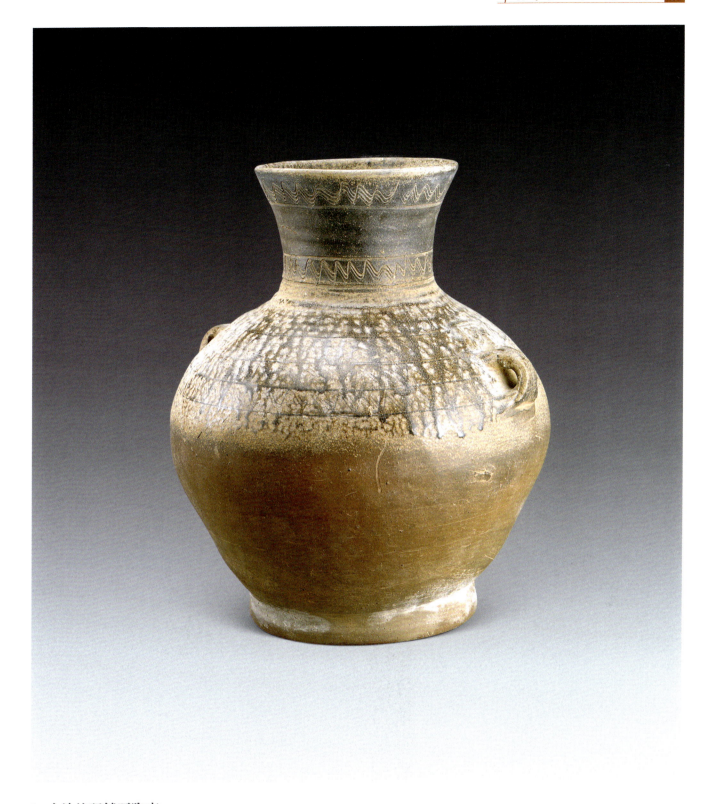

2. 水波纹双铺耳陶壶

战国

口径18.6、腹径35.9、底径21.8、高41.2厘米

壶撇口，长颈，溜肩，壶身两侧各有一系，鼓腹，足外撇，颈部及肩部刻划弦纹，口颈部刻划两组水波纹。 此壶器型敦厚古朴，纹饰洗练，器身上部施青釉，釉层薄而匀。

（曾焕光）

3. 彩绘陶男女俑

汉

男俑高36.7、女俑高33.5厘米

汉代丧葬中较盛行的随葬明器之一。 男女侍俑头发中分，束发髻于脑后，长
眉细眼，身穿右衽长袍，身材修长，形象生动，男俑面目俊秀，面带微笑。女
俑低眉垂目，小心谨慎，两人均双手握拳，拳眼相对，似手持物件恭立。彩釉
已大部分脱落。

（曾焕光）

4. 褐釉堆贴熊纹五罐瓶

汉

口径4.7、底径11.5、高36.5厘米

通身施褐色釉，釉薄，流釉及施釉不均。釉面光润，有细碎开片，局部剥釉。底足露胎，胎色灰黑，胎质不致密。器规整呈葫芦形，上腹小，下腹大，腹中部各有三道凹弦纹。上腹溜肩，肩部塑五瓶，中间小瓶为盘口，细颈，圆腹并且与器腹相通。周围四个罐较小，且与器腹不相通。下腹的肩部一周贴塑三只对称的熊，熊作拥抱状，形象生动逼真，活泼可爱，器形少见。这种互联瓶在后来的东吴、西晋发展成为陪葬的明器"谷仓"，也有人认为是"魂瓶"。

（曾焕光）

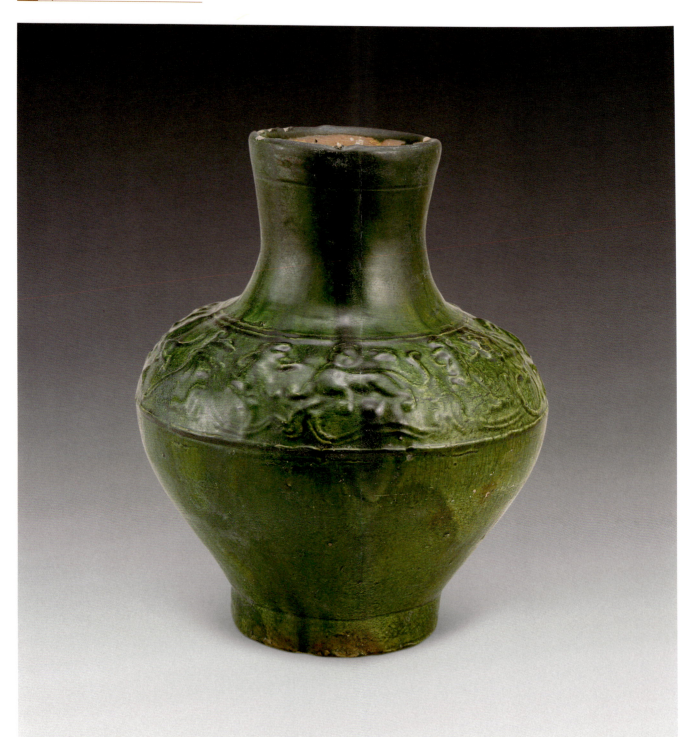

5. 绿釉狩猎纹陶壶

汉

口径11.8、腹径25.4、底径13.4、高29.9厘米

长颈，口微侈，上腹鼓，平底作假圈足。肩腹之间饰浮雕狩猎纹，画面充实，
形象生动。有一人骑射，山林中分布着飞禽走兽，可辨有虎、鹿、马、羊等，
图案栩栩如生。壶通体施低温铅绿釉，釉呈瓜皮绿色，光泽匀亮，胎色红褐。

（曾焕光）

6. 彩绘陶茧形壶

汉

口径11.3、底径8.8、长31.8、高41.2厘米

短颈、折口，腹部茧形，圈足外撇，胎质灰色。腹部用硃红和白色绘云气纹，
图案模糊，颜料大部脱落。茧形壶是秦汉时期非常具有个性的器物，因其腹部
似蚕茧而得名。是生活实用器，用来贮水或盛酒，造型别致而实用。在马背上
便于固定，盛放的液体也不易溢出。

（曾焕光）

7. 堆塑楼阁人物谷仓盖

三国

底径18.4、高16.5厘米

谷仓罐是三国西晋时期专为陪葬烧制的明器。谷仓盖以堆塑的人物、鸟兽和楼
阁作为装饰。胎质浅灰，通体施青釉，釉色青黄光亮。

（曾焕光）

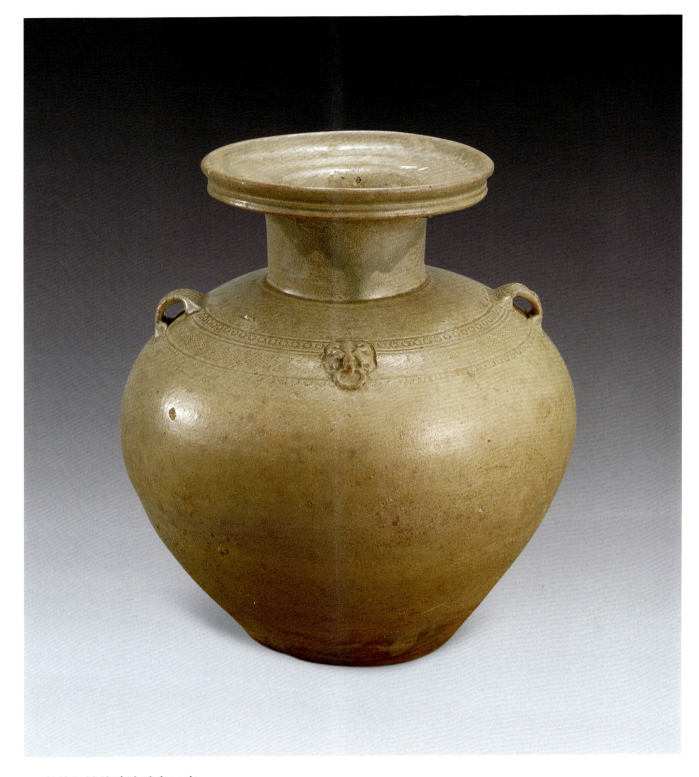

8. 青釉双铺首叶脉系盘口壶

晋

口径13.7、腹径22.7、底径10.6、高23.1厘米

盘口，束颈，丰肩，敛腹，平底。通体施青釉。外口凸起弦纹，肩部堆贴兽面衔环装饰，两侧各立双系。肩部模印网纹，网纹上下各戳印小菊花纹一周。双系壶在西晋时期较为多见，是当时盛水的器皿。此壶造型庄重规整，釉色匀净，其兽面衔环装饰和模印网纹都是西晋时期青瓷的流行纹饰。

（曾焕光）

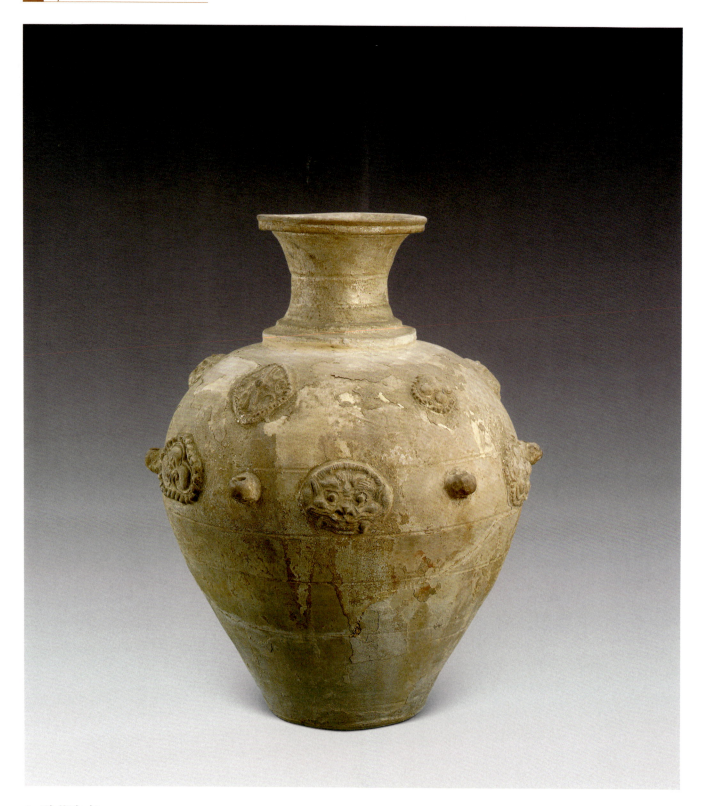

9. 贴花陶壶

唐

口径19、底径18.4、高53.6厘米

洗口，束颈，圆肩，鼓腹，腹以下渐敛，平底，壶的肩部和腹部贴饰联珠纹与
兽面纹各六组，腹部有六个穿带孔，胎质灰白。

（曾焕光）

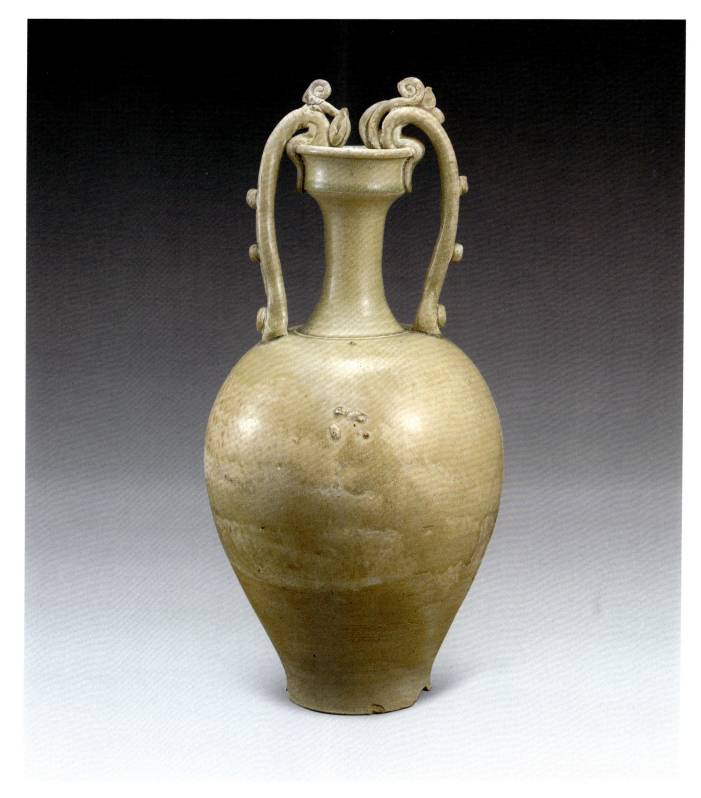

10. 青釉双龙耳瓶

唐

口径8.7、腹径21.1、底径10.7、高42.8厘米

卷沿，盘口，细长颈，丰肩鼓腹，平底。双龙耳高耸于口沿，垂至肩部。颈肩部划双弦纹。施釉不到底，釉稍泛青色。双龙耳瓶的器形是在鸡头壶的基础上吸收了外来胡瓶特点产生的，盛行于初唐时期。

（曾焕光）

11. 三彩堆塑陶罐

唐

口径10.1、腹径22.1、底径9.2、高25.3厘米

明器。小口，卷唇，球腹，堆塑莲瓣纹底足，主体图案分三层，上中层分别为
仙境、人间，以祥云贯穿。下层为四组模印兽头，刻四组铭文。胎灰白，施
黄、绿釉，流淌自然。

（曾焕光）

12. 三彩陶文官俑

唐
高76厘米

胎色灰白，头戴高冠，浓眉大
眼，鼻宽耳大，首冠素面，
双手拱于胸前，併腿直立于
椭圆形座上，身穿翻领长袖红
袍，绿地白花袖口，披绿地白
花护胸，下着白色长裙，足穿
云头靴，神态高傲。

（曾焕光）

13. 三彩陶武士踏牛俑

唐
高90厘米

俑怒目圆睁，阔口，八字胡须，身着铠甲，铠甲的塑造真实细腻。左腿直立，右腿微曲，右手握拳上扬内弯，作持弓欲射状，脚踏在卧牛之上。神态威武凶猛，甲胄装饰华丽，体态雄伟生动。首手素面，余通体施三彩釉，釉色鲜艳明亮。

（曾焕光）

14. 三彩骆驼

唐

高82厘米

胎色灰白，釉棕褐色。骆驼昂首朝天，双目圆睁，张口嘶鸣，无峰，背部以绿釉线条画出圆形垫子，四肢修长，站立在长方形踏板上。此骆驼形体高大，神情生动，釉色明亮。

（曾焕光）

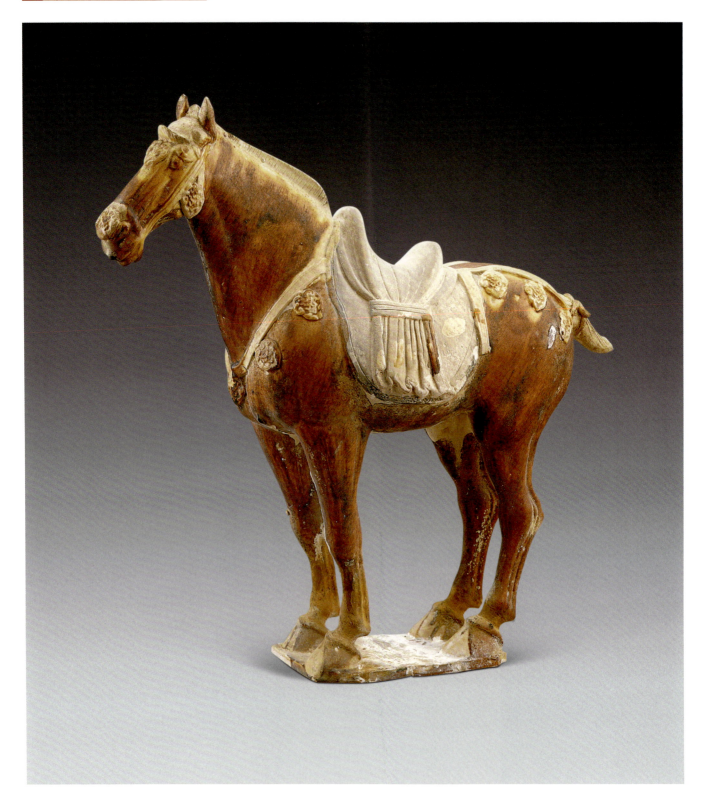

15. 红釉加彩陶马

唐

高50.3厘米

马首仰，两耳直竖,颈曲长，双目圆睁，头戴笼套，剪鬃缚尾，辔饰、鞍鞯俱全，头、胸前、股后革带上悬挂饰物，体魄雄壮威武，姿态矫健。鞍及鬃、尾均素面，釉色红褐，胎色灰白。

（曾焕光）

20. 三彩塔

辽

高107厘米

全塔由基座、塔身和塔刹三部分组成，基座、塔身和塔刹分别制作，作子母口，可重叠合并浑然一体。塔通体施釉，底及托座无釉，纹饰用黄釉，其余用绿釉。釉薄开片，部分剥落失亮，胎色灰红，胎质较松。器身内空。基座截面呈八角形，用八个如意云头作足，其中四足上塑立体赤身坐姿力士。后面用印模折枝灵盖纹八块粘接为基座中心，顶端印一周并列仰莲瓣纹。塔身分上下二层，扁鼓形，中束腰，束腰处有两道凸带纹，下层有磨印火珠和幢幡各八个。上层有八个模印贴塑的宝相花及八条竖棱带。顶端一周贴塑如意云头。塔刹底座一周贴塑八个并列覆莲。中部由两轮（上十三、下十二个）及华盖相叠而成。

（曾焕光）

21. 黑釉剔花双耳瓶

西夏

口径5.3、底径14、高34厘米

小口圆唇，竹节颈，圆鼓腹，腹下微敛，圈足，饰黑釉不及底。肩部有一对扁叶
状系耳，腹部上下各画出两道弦纹，中间画大叶海棠花纹，剔除其余，露出釉下
灰白色胎，形成白地黑花。釉黑如漆，纹饰豪放，线条简练。

（曾焕光）

22. 山西窑白釉刻花长方枕

金

长47.5、宽18、高12.5厘米

枕呈扇形，前壁内凹，后壁外弧。后壁左右上角各一小孔，枕面出檐，前低后高。釉呈米黄色，釉薄。枕面光滑，四壁施釉不均，粗糙，部分漏釉并露出灰黑及白色二层化妆土。局部起泡。底露胎，胎色红褐，质地坚硬。枕底有墨书一行，自上而下为"李道正"。枕面用简单线条刻画装饰，四周用平行双线作框，框内刻画双线如意云头，云头外左右上角各刻画折枝花纹，形成对称。云头里刻画一折枝花果纹，用笔简练，线条明快，疏密有致，画面寥寥几笔，却生意盎然，充分体现民间工艺的特点。

（曾焕光）

23. 龙泉窑青釉镂雕插屏

明

长26、厚14.5、高25厘米

龙泉窑是南宋以后兴起的著名窑场。龙泉窑青瓷造型以仿古代青铜器、玉器为特点，古朴端庄，颇有儒雅之气。插屏整体采用镂雕技法，云头纹边座，主体纹饰三层，图案以麒麟、花卉为主，釉呈豆青色，施釉未到底，底足呈火石红，表面有开裂现象。

（曾焕光）

24. 嘉靖款青花缠枝莲纹缸

明

口径27.5、底径34、高50.5厘米

直口，卷唇，短颈，平肩，圆腹，底心内凹上釉，书青花楷书款两行六字"大明嘉靖年制"。胎体较厚，内壁有横接痕，釉色莹润干净，白中泛青，颈部有弦纹两道，肩部饰璎珞纹一周，器身绘盛开的缠枝莲花，近底处绘仰莲瓣纹一周，青花浓艳，色重处呈紫色，器形较大。

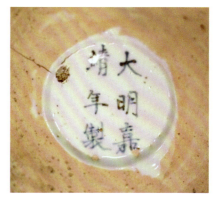

（曾焕光）

25. 黑釉印卷草纹四耳罐

明

口径16、底径41、高28 厘米

直口束颈，颈短小，翻沿圆唇，丰肩鼓腹，平底，口小底大，器形如大圆罐上半部。肩部安四耳，每耳各有一圆孔。粗壮厚实，底部外沿布满一周凸起的乳钉，在颈部及罐底边沿饰一周模印的卷草纹，外加两道凸起粗壮的绳纹，肩部有模印覆莲瓣花纹一周，花纹长短适度，圆浑有力。通身施黑釉，釉厚，釉面光润，乌黑发亮，犹如漆器。胎质坚硬致密，色灰黑。此罐器形规整，体宽厚重结实，造型罕见。

（曾焕光）

28. 景德镇窑茄皮紫鹿头尊

清康熙

口径16.5、腹径35、底径15、高35厘米

将军盔状盖，直口，短颈，丰肩，斜弧腹渐收，平砂底。颈部两侧有对称的鹿
头耳。通体饰茄皮紫单色釉，匀净光亮。

（曾焕光）

29. 景德镇窑青花婴戏将军罐

清康熙

腹径40、底径25、高60厘米

方唇，平沿，直口，矮颈，丰肩，鼓腹下收，无釉平底，宝珠纽盖形似将军头盔，颈及底沿绘清初常见的三角形蕉叶纹，蕉叶一高一矮，依次排列，具有较强的时代特色。器身四个圆形开光处绘婴戏图，间以浮云装饰。

（曾焕光）

30. 景德镇窑豆青釉印花盘

清雍正

口径51、足径10、高10厘米

撇口。浅腹圈足。通体施豆青釉，釉下暗刻海水云龙纹，龙形雄壮威猛，长须飘拂，怒目圆睁，龙尾上翻，龙头在下，作奋起直追前方火珠状，四周则环饰海水及如意云纹，所刻图案线条简洁，刀法娴熟，龙身与云纹交织在一起，龙身似隐似现，整个画面显得生动活泼。盘外壁装饰莲瓣纹一周，底部以青花书"大清雍正年制"三行六字竖式篆书款。

（曾焕光）

31. 青花竹林七贤大碗

清雍正

口径21、底径9.9、高9.9厘米

圆唇，敞口，深腹，高圈足，胎质坚致洁白，细润，胎体规整。构图以魏晋时期竹林七贤避世遁隐山林，酣畅行乐的文会活动为题，使用中国画绘画的渲染方法，使瓷器上的青花色调层次丰富、立体感较强，所绘人物大头，前后微凸，五官清晰，神态安详悠闲，花卉则细腻纤巧。

（曾焕光）

**32. 釉里三色百鹿纹双螭
　　耳瓶**

清乾隆
口径29.5、底径27、高80厘米

浅盘口，双龙耳，长颈丰
肩，长鼓腹，底足略向外
撇，泥鳅背状，通体饰釉，
底足露胎，釉质晶莹光
润，胎体厚重，胎质坚细
洁白，造型饱满稳健，制
作精美，青花、釉里红、
褐三色描绘山水、松柏和
一百多只姿态各异的鹿，象
征吉祥快乐。

（曾焕光）

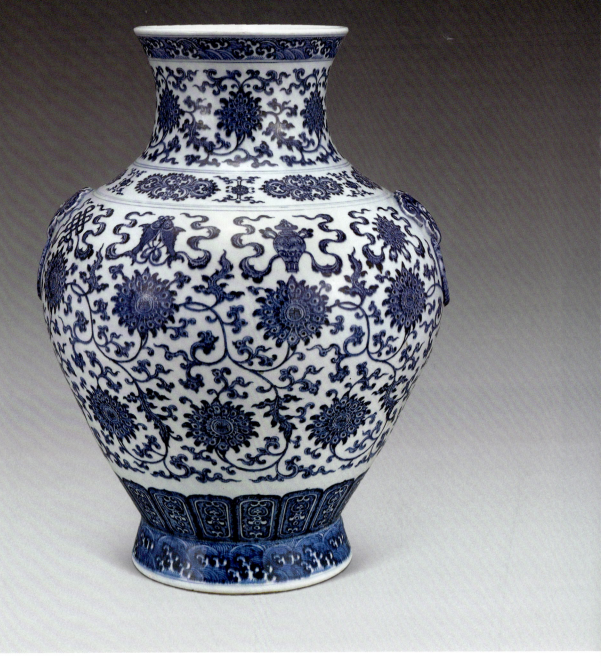

33. 乾隆款青花缠枝莲托八宝纹双铺耳尊

清乾隆

口径20、底径21.5、高50.2厘米

撇口，丰肩，肩以下渐收，足部外撇，圈足，肩二侧饰兽面衔环，通体施釉。口沿及足处绘海浪纹，颈部绘缠枝莲纹。肩部用弦纹及花卉装饰，腹部主体纹饰为双层寿心缠枝莲托八宝。腹底处绘仰莲瓣纹。器底书写"大清乾隆年制"六字三行篆书青花方款。器形规整，六层纹饰疏密有致，瓷质坚硬，白釉莹润肥厚，白中闪青。青花用料肥厚，鲜艳明快，色调纯正。

（曾焕光）

34. 景德镇窑青花缠枝莲纹盘

清乾隆

口径48、底径28、高9.5厘米

折沿，浅弧壁，圈足内敛，盘内纹饰分四层，口沿饰卷草纹，内壁以缠枝形式
将茶花、莲花、牡丹、菊花连在一起，盘心饰缠枝莲纹。白釉盈洁如玉，青花
发色纯正浓艳。

（曾焕光）

35. 景德镇窑粉彩八宝之轮、盖、花、肠

清乾隆

底径14.6、高38.7厘米

八宝即轮、螺、伞、盖、花、罐、鱼、肠，是八种佛陀前的供器，每一件代表着不同的含义。法轮代表佛说大法，圆转完满，万劫不息。法螺代表菩萨果妙音吉祥。伞代表张弛自如，曲覆众生。盖代表覆盖三千净土。花代表圣洁，出淤世而不染。罐代表福田圆满，完美无漏。鱼代表坚固、活泼，能解众生一切劫。肠代表回环往复，一切通明。每一摆件，由三部分组成。如轮纹摆件，上部为一圆盘，镂空车轮形体居盘正中，主体纹饰为红色，边饰为绿底粉彩各色缠枝卷草纹，中部为一盖代表覆盖三千净土。下部为喇叭状底座，绘莲瓣纹，座上接镂空菱形柱，上接莲蓬，顶部为镂空的圆盘，圆盘与莲蓬采用卯榫方式相连。圆盘内装八宝。

（曾焕光）

**36. 景德镇窑青花花卉双
耳八角瓶**

清乾隆
口径21.5、底径22.2、高56.2厘米

瓶体八角形，外撇口，直颈
折肩，腹微鼓，腹下内收为
阶形圈足。颈部有对称的镂
雕夔龙耳。口、颈绘卍字
纹、如意云纹、蕉叶纹、梅
花锦地纹和回纹，肩绘凤凰
缠枝菊花，腹中部绘牡丹缠
枝莲纹，上下饰如意云头
纹、变形莲瓣纹，底座绘卷
草纹。形体丰满端庄，釉色
光润明亮，青花色泽艳丽深
沉，纹饰繁密几无露白。

（曾焕光）

37. 景德镇窑青花花卉六角瓶

清乾隆

口径12.5、底径12.9、高43.6厘米

瓶体六角形，外撇口，直颈内弧，折肩，腹微鼓，腹下内收为阶形圈足。口沿下绘一周连续回纹，肩部绘卍字纹，颈部及腹部绘折枝菊花纹、折枝石榴纹。形体丰满端庄，釉色光润明亮，纹饰疏朗、典雅。器底落"大清乾隆年制"隶书款。

（曾焕光）

38. 景德镇窑青花缠枝莲花纹盆

清乾隆

口径59、底径42.5、高24.3厘米

敞口，浅腹，内底平，器物由上而下渐收，胎质坚实厚重，釉面滋润凝厚。外壁饰缠枝莲花纹，底沿饰变形莲瓣纹。

（曾焕光）

39. 青釉达摩立像

清

高45厘米

达摩，中国佛教禅宗的创始者。此件达摩像浓眉大耳，双眼下视，双手拱于胸前，站在浪花滚滚的海涛之上，衣纹线条飘动而不夸张，整体造型稳重、含蓄，以突出达摩的睿智。通体施青釉，釉色质地润厚，底部呈火石红色。

（曾焕光）

40. 德化窑白釉达摩立像

清

高43.4厘米

立像形态神妙，气韵生动。达摩像额头宽阔，深目高鼻，满面虬髯，给人以智慧深邃、道貌岸然之感；双手拱于胸前，衣纹线条有节奏感，神态自若立于海涛之上，有呼之欲出之势。釉色质地润厚，呈"象牙白"色。

（曾焕光）

41. 青釉夔凤双耳瓶

清

口径13.3、底径17.5、高48.5厘米

敞口内敛，束颈，溜肩，肩以
下渐收敛，圈足，颈部对称夔
凤耳，饰蕉叶纹一周，腹部在
珍珠地上绘数组二方连续夔凤
纹，底部绘海浪纹。通体施青
釉，釉色青润，柔和似玉。

（曾焕光）

42. "葛明祥制" 宜钧双铺耳瓿

清

口径13、底径21.5、高51.6厘米

藏酒器,器身呈橄榄形,双铺兽贴耳,兽口衔环,通体施卢钧釉,釉色流淌自然。以紫砂为胎烧制,成形后再施釉,进行二次低温烧制而成。在器件底部可看到密密麻麻的针孔状(俗称牛毛孔),就是防止釉粘在窑底的一种工艺。底部印"葛明祥制"款。制作名家葛明祥,是清代乾嘉年间人,宜兴葛明祥、葛源祥所制钧陶,人称"葛窑",盛传于世。

(曾焕光)

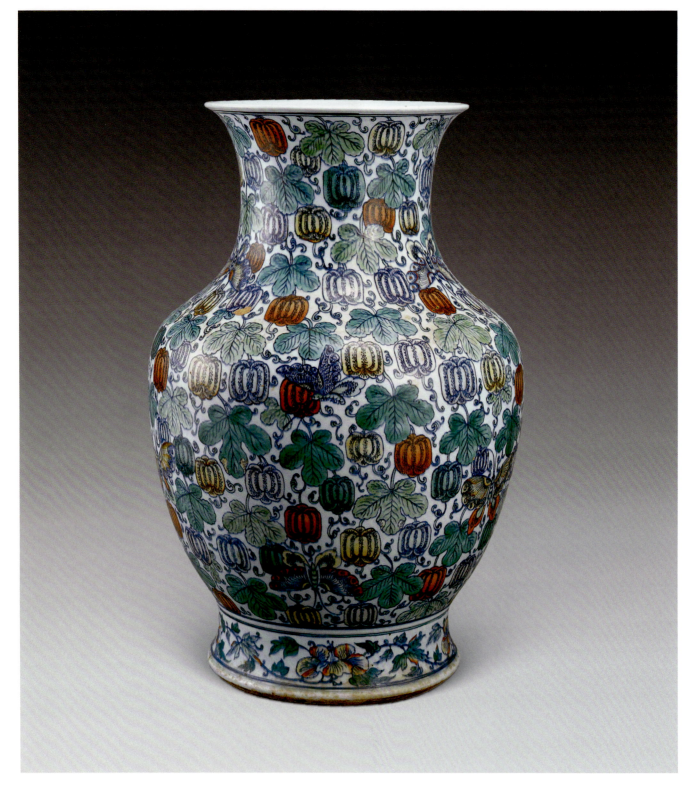

43. 景德镇窑斗彩瓜蝶纹尊

清

口径26.5、底径25、高57.3厘米

撇口，溜肩，肩以下渐收，足部外撇，圈足。饰斗彩瓜果、蝴蝶纹，色彩丰富，构图繁密。斗彩是一种以釉下青花和釉上多种彩结合而成的品种。青花在釉下勾勒纹样的全部或大部分轮廓线，釉上填五彩，高、低温二次烧成。

（曾焕光）

44. 广窑菱口大鱼缸

清

口径72.5、底径40.5、高56厘米

菱口，深腹下敛，平底。通体施釉不及底，釉流动自然，釉多天蓝色，不甚均
匀，釉厚处呈靛蓝色，釉薄处呈灰蓝色。釉层较厚，形成长短不同的垂流纹。

（曾焕光）

45. 哥釉铺首衔环双耳瓶

清

口径22.7、底径19、高58.7厘米

哥釉瓷是宋代五大名窑之一的哥窑产品。它的重要特征是釉面开片，这是瓷器制作过程中釉面自然开裂的工艺现象。清代兴起了一个仿哥釉瓷的高潮。此时的哥釉瓷釉面光洁，开片规整，金丝铁线清晰深沉，迎光而视，莹润如玉。此器盘口，束颈，鼓腹，圈足外撇，胎细白厚重，颈部有对称堆贴铁泥釉铺首衔环，口、颈、足饰铁泥釉祥云纹各一周。施粉青釉，釉面光亮，分布有黑色、酱黄色深浅不同的大小裂纹，俗称"金丝铁线"。胎底无釉，呈铁锈色。

（曾焕光）

46. 景德镇窑青花八宝纹双耳三足炉

清嘉庆

口径21.5、高42厘米

炉身圆形，嵌入式炉盖，虎钮，直口，短颈，鼓腹，朝冠耳，兽蹄形足，口
足沿饰回纹，肩饰如意纹，腹部为青花缠枝莲托八宝纹，盖、颈、足均饰缠
枝莲纹。

（曾焕光）

47. 景德镇窑青花八宝纹盉壶

清道光

口径12.3、高21厘米

直口短颈，扁圆形腹，弯把，直流，下有四直足，弧形瓜蒂钮盖。盖面及足绘缠枝灵芝纹，腹绘朵莲托八吉祥纹。纹饰清新疏朗，青花色泽艳丽。腹底书"大清道光年制"篆书款。

（曾焕光）

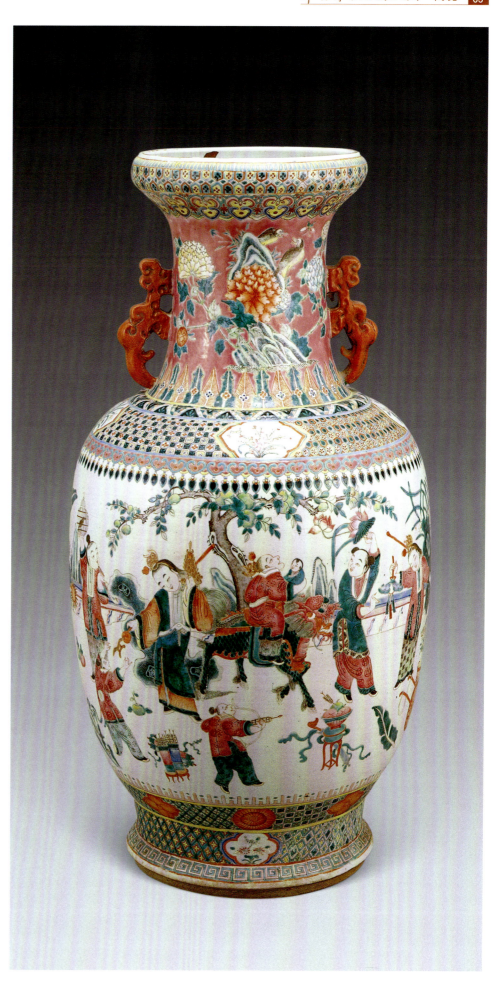

48. 景德镇窑粉彩人物双耳瓶

清同治

口径20.5、底径23、高66.5厘米

敞口内敛，束颈，溜肩，直腰，胫部收敛，圈足。此种瓶式俗称灯笼瓶。口沿绘珍珠地如意云头纹，颈部粉色彩地上绘山石花鸟，肩部饰蕉叶纹、珍珠地开光花卉及如意云头纹。腹部绘婴戏图，腹部下方饰珍珠地开光花卉、回纹一周。底部伪托"大清乾隆年制"款。

（曾焕光）

49. 珍珠地粉彩贴花牛头尊

清光绪

口径15.8、底径17.1、高30厘米

大口，口以下渐放，垂腹，圈足，肩两侧有对称的牛头耳，器身白釉为珍珠
地，堆贴枯树、菊花、怪石。施蓝、绿、褐三色釉，釉层肥厚。底伪托款
"大清乾隆年制"。

（曾焕光）

50. 窑变双贯耳方瓶

清光绪

口长11.1、口宽9.2、底长12.5、底宽9.4、高30.3厘米

海棠形口，直颈两侧饰贯耳，扁腹部，呈桃状突起，长方形圈足，平底，通体窑变釉，红色为主，间以深褐色、月白色交融，釉质晶莹，釉表有细密开片。

（曾焕光）

（曾焕光）

51. 景德镇窑粉彩花卉纹缸

清光绪

口径45.8、底径32.5、高45.4厘米

直口，鼓腰，平砂底。通体黄地粉彩，口沿绘缠枝莲纹，肩部绘如意云纹，缸
身主体绘粉彩莲托八宝吉祥花卉图案，底饰莲瓣纹。色彩娇艳，描绘细腻。

（曾焕光）

**52. 景德镇窑蓝地百蝠纹
天球瓶**

清光绪
口径13.8、底径18.8、高69.7厘米

天球瓶造型始于明永乐时
期，雍正、乾隆时再度盛
行，是雍正、乾隆官窑的标
准器物。瓶撇口，颈笔直修
长，球形腹浑圆，通体青花
地，饰浅浮雕云蝠纹，其中蝙
蝠饰褐彩，祥云饰斗青釉。寓
意多福多寿。

（曾焕光）

53. 青花龙凤纹大缸

清光绪

口径64.5、底径36、高55.3厘米

器形硕大，口沿齐平内外出唇，深腹，口部绘回纹一周，颈部绘如意云头纹，底沿绘一周变形莲瓣纹，腹部绘龙凤夺珠，穿行于祥云之间，五爪腾龙双目圆睁，刚劲有力，凤展翅飞翔，器形与构图均显大气。龙为百兽之王，凤为百鸟之王，龙凤系神兽瑞鸟，寓意吉祥。

（曾焕光）

书 画

54. 东方朔像图轴

明

绢本 设色 纵117、横94厘米

无款。此图画苍松灵芝,祥云缭绕。东方朔刚从仙界偷得蟠桃,右手夹着拐杖,左手抱着仙桃,衣带飘曳,疾步行走,面带窃喜,回首环顾,既表现偷蟠桃得手后的得意之态,又担心被发现的微妙心理刻画得惟妙惟肖。人物造型准确,形态生动,面目传神。用笔劲健,线条清晰,飘拂自然,设色淡雅。

(陈启建)

26. 珐花陶床

明

纵36.5、横23.5、高45.5厘米

器形为明代床的造型，饰有方格纹，上有檐楣。饰蓝绿白色釉，釉色部分脱落，黄褐色胎。

（曾焕光）

27. 漳州窑白釉观音塑像

清

高66厘米

通身施白釉，釉面光润，有
细碎开片，积釉处泛绿。底
露胎，腹空，胎色灰褐，胎
质较粗，底有布纹及支钉烧
迹。观音头挽高髻，戴花绾
及头巾。略微俯首，面部丰
满圆润，额头有吉祥痣，柳
叶眉，双目微闭，直鼻小
口，容颜慈祥传神，端庄肃
穆。身躯微丰，上着宽领袒
胸大袖长衣，衣褶线条流畅
自然，薄衣柔软贴身。胸前
贴饰垂珠璎珞，双手相交，
左手持拂尘，拂尘尾靠右
肩，下着长裙，皱褶自然下
垂，赤足微露，予人恬静慈
祥之感。

（曾焕光）

55. 行旅图轴

明

绢本　设色　纵162、横72厘米

无款。图中描绘高山巨石，层峦重叠，远
山朦胧，田埂交错。岭下峰回路转，杂树
丛生，枝叶茂盛。近处两位骑马者赶路归
途，远处一负重者行旅匆匆。构图深邃，
层次清晰，山石淡墨皴染，浓墨点苔。树
枝作鹰爪法，人物简练传神，形态生动。
用笔苍劲挺秀。

（陈启建）

56. 雪梅寒禽图轴

明

绢本　设色　纵167、横88厘米

无款。此轴描绘一株古梅树欹曲横贯画面。新抽出的枝条稀疏点缀着梅花，一对八哥栖息在虬曲树枝上，一闭目养神，一俯身下望，与另一只在坡石上翘首上观相互呼应。坡石旁盛开茶花、水仙花和绿竹。竹叶和树干托着少许的白雪。在画法上兼工带写，勾染结合，色墨相容，造型生动活泼、准确，设色妍雅，笔势遒劲老辣。营造出寒天显生气，雪意犹未尽之感。

（陈启建）

57. 石锐山水人物图轴

明

绢本　设色　纵128、横39厘米

石锐（生卒不详），字以明，钱塘（今杭州）人。宣德间授仁智殿待诏。画得盛懋法，备极华整。金碧山水，界画楼台及人物，皆傅色鲜明温润。名著于时。

此轴描绘危崖高耸，山峦重叠，瀑布高悬，松树挺拔，枝干蟠曲，小桥流水。一雅士行立桥上，童仆紧随其后。深山谷间楼阁玲珑，屋里坐着一贵妇，丫环开门探头，似迎主人归。营造一片安祥恬静世外桃源。此画用笔尖劲峭利，工细精致，人物虽小，神态清晰。景致虽繁复，然楼阁显简略。设色以大青绿为主。淡雅温润，层次分明。山石变化万千，并无一雷同。自题"正德改元春三月仿盛子昭笔于西湖僧舍。"署款"石锐"。

（陈启建）

58. 金丹度蟾图轴

明

绢本　设色　纵137、横76厘米

无款。此图描绘二仙人葛巾野服，衣衫褴褛，银须白发，慈眉善目，笑容可掬。一个拍打鱼鼓，一个手举葫芦，在深山溪水边，戏钓三足金蟾。动态生动，呼应密切。人物工笔勾勒填彩，衣纹流畅自如，精细工致。设色明快淡雅，个性鲜明。树石用笔粗放刚劲。

（陈启建）

59. 张路琴鹤焚香图轴
明
绢本 设色 纵153、横105厘米

张路（1464~1538或1537年），明画家，字天驰，号平山，祥符（今河南开封）人。擅人物，
师法吴伟，笔势狂放而草率。山水兼学戴进，亦能鸟兽、花卉。

此图描绘在松荫下，一炉香烟缭绕，一位雅士正在虔诚祈祷，两个童仆站立其后，一抱
琴、一持香盒侍候。丹顶鹤立于童仆身旁。其境宁静雅致。构图平稳，用笔粗简劲挺，衣
纹简练潇洒流畅。人物刻画细致传神，造型准确，神态娴静洒脱。署款"平山"。

（陈启建）

60. 蕉阴狸奴图轴　　　明 绢本　墨笔　纵177、横105厘米

无款。此图画在巴蕉叶下，一只狸猫蹲伏在雕花栏杆上，目光炯炯注视前方。用淡墨勾染狸猫身体，浓墨画尾及雕花栏杆。蕉叶有粗有细，有挺有转，有断有续，舒展穿插有致。整幅画用大写意手法表现，笔法简练，墨气浑然。图上方中钤"万历御览之宝"朱文印。左边钤"宁献王九世孙"朱文印及多方收藏印。

（陈启建）

殷辂（生卒年不详）。此画作于崇祯十五年（1642年）。上画峭壁峻险，巨石嶙峋，云雾缥缈。中画树木扶疏，楼阁显现在云雾茂林中，一贵妇临窗闲眺，神情自若，丫环执扇立于后。下画古树盘曲虬结，红叶点点，溪流转折，流水潺潺，岸边一位纤瘦闲逸的闺秀，宽袖长裙，中帛飘动，手执如意，信步闲踱。丫环托盘在后，小鹿身旁跟随。山体用线条勾勒，淡墨皴染，浓墨点苔。林树勾点自如。人物工谨秀雅，线条细劲流转生动，飘拂自然。图右上角自题"天香图，壬午年清和口仿范华原笔法于西溪草堂，花坞殷辂"，钤"殷辂之印"白文印及"文简"朱文印。

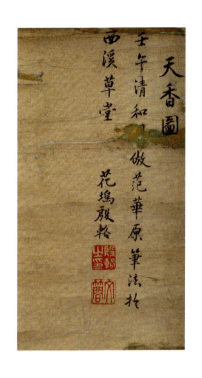

61. 天香图轴

明

洒金笺　设色　纵199、横27厘米

殷辂（生卒年不详）。此画作于崇祯十五年（1642年）。上画峭壁峻险，巨石嶙峋，云雾缥缈。中画树木扶疏，楼阁显现在云雾茂林中，一贵妇临窗闲眺，神情自若，丫环执扇立于后。下画古树盘曲虬结，红叶点点，溪流转折，流水潺潺，岸边一位纤瘦闲逸的闺秀，宽袖长裙，中帛飘动，手执如意，信步闲踱。丫环托盘在后，小鹿身旁跟随。山体用线条勾勒，淡墨皴染，浓墨点苔。林树勾点自如。人物工谨秀雅，线条细劲流转生动，飘拂自然。图右上角自题"天香图，壬午年清和口仿范华原笔法于西溪草堂，花坞殷辂"，钤"殷辂之印"白文印及"文简"朱文印。

（陈启建）

62. 兰亭修禊图卷

明

绢本 设色 纵25、横1060厘米

无款。图首画王羲之坐临水亭榭内，捻笔抚纸，构思其间，童仆立其傍。亭前清泉奔流，白鹅悠然嬉水。岸边童仆正忙把羽杯置放曲水之上。中部画崇山峻岭，茂林修竹，清流激湍，映带左右。四十二贤士列坐曲水两侧即兴赋诗抒怀。图末画垂柳掩映，雕栏石桥上童仆伫立，桥下童仆正忙打捞羽杯。卷末有"嘉庆丁卯仲冬月十有八日御临"款的行楷《兰亭序》。钤"宝笈三编"、"石渠宝笈所藏"朱文印，"嘉"朱文圆印及"庆"白文方印。

此卷画文人、高士、童仆共54人，个个神采奕奕，风度翩翩，温文尔雅，动态各异，衣褶用铁线描，纤致流畅，山水树木勾勒工致，设色娴雅古淡。

（陈启建）

永和九年歲在癸丑暮春之初會
于會稽山陰之蘭亭脩稧事
也羣賢畢至少長咸集此地
有峻領茂林脩竹又有清流激
湍映帶左右引以為流觴曲水
列坐其次雖無絲竹管絃之
盛一觴一詠亦足以暢敘幽情
是日也天朗氣清惠風和暢仰
觀宇宙之大俯察品類之盛
所以遊目騁懷足以極視聽之
娛信可樂也夫人之相與俯仰
一世或取諸懷抱悟言一室之內
或因寄所託放浪形骸之外雖
趣舍萬殊靜躁不同當其欣
於所遇暫得於己快然自足不
知老之將至及其所之既惓情
隨事遷感慨係之矣向之所
欣俛仰之間以為陳迹猶不
能不以之興懷况脩短隨化終
期於盡古人云死生亦大矣豈
不痛哉每攬昔人興感之由
若合一契未嘗不臨文嗟悼不
能喻之於懷固知一死生為虛
誕齊彭殤為妄作後之視今
亦由今之視昔悲夫故列
敘時人錄其所述雖世殊事
異所以興懷其致一也後之攬
者亦將有感於斯文 子昂
嘉慶丁卯仲冬月十有八日御臨

63. 人马图轴

明

绢本 设色 纵194、横105厘米

无款。此图描绘秋天的野外，红叶树下一牧马人全神贯注地梳理马尾。而黑色的骏马神态安闲，昂首伫立。四只小鸟在天空自由飞翔。奇石边长着数丛小竹。画中用浓墨勾轮廓。以淡墨皴染树石。人物用工笔淡彩描绘，神形逼肖，衣纹简练流畅。马用线描重彩，并吸收西洋画透视明暗变化，生动地刻画骏马饱满圆劲的体形、沉静温驯的雄姿。

（陈启建）

64. 戴明说山水图轴

清

绢本 设色 纵124、横41厘米

戴明说（生卒年不详）。字道墨，号岩荦，晚号定圃，沧州
（今河南沧县）人。崇祯七年（1634年）进士。入清后官
至户部尚书。工书、画，墨竹得吴镇法，尤精山水。

此图描绘长林深谷，山径曲折逶迤，悬瀑直下，涓流回
旋，烟云横斜，楼阁隐现。树用横笔点染，墨韵生动，层次
丰富。构图大片空白，简洁明晰，清淡幽雅。右上角自题
"偶口小米法"，署款"戴明说"，钤"戴明说印"白文
印，"道默"朱文印。

（陈启建）

65. 何元英仿北苑山水图轴

清康熙

绫本　纵261、横63.5厘米

何元英（生卒年不详）。字蕤音，秀水（今浙江嘉兴）人。顺治十二年
（1655年）进士，官通政使参议。工书，笔意近董其昌，名重一时。

此图近处坡石上老松、杂树数株。一老者静坐平坡上观瀑。坡下平湖开
阔，隔岸峰峦叠翠，山涧溪水跌宕，而水化作瀑布直挂而下，水阁小桥隐
现。布局缜密，以不同的方法勾枝勾叶，求得变化，山石用披麻皴，淡墨
晕染，浓墨点苔。意境清雅幽静。题识"乙巳春日写北苑笔意奉祝太老先
生大寿"，署款"鸳水后学何元英"。钤"何元英印"白文印及"蕤音"
朱文印。

（陈启建）

66. 孔毓圻兰石图轴

清

纸本 水墨 纵130、横39厘米

孔毓圻（1657～1723年），字钟在，又字翙辰，号兰堂，山东曲阜人。孔子六十七世孙。康熙六年（1667年）袭封衍圣公。工擘窠书。墨兰飞舞，笔秀而劲。深得赵孟頫之旨。有《兰堂集》。此轴用淡墨勾皴岩石，浓墨点苔，岩石上芳兰数丛，兰叶潇洒舒展，穿插有致。花瓣随意点簇，俏丽秀美。岩石下几枝墨竹掩映。笔墨流转酣畅，清劲洒脱，有超然出尘之感。左上角用行书自题"法周天球笔意，阙里孔毓圻画"。钤"孔毓圻印"朱文印及"翙辰"白文印。

（陈启建）

67. 高其佩云溪乏舟图轴

清

绢本　设色　纵95、横48.5厘米

高其佩（1672~1734年），
字韦之，号且圆，铁岭（今
辽宁）人。官刑部侍郎。擅
花鸟、走兽、人物、山水。
其简练苍劲处，近明吴伟。
尤以指头作画著称，时人谓
其有"叱石成羊"之妙。
此图近处丘坡杂树数株，错
列穿插，坡下平湖开阔，湖
面渔舟竞渡。远处云烟出
没，云雾迷漫，峰峦连绵，
山间楼宇隐落。构图虚实
有致，用笔简练苍劲，枯湿
浓淡，一气呵成。图上中
钤"乾隆御览之宝"朱文
印。右下署款"臣高其佩恭
绘"。钤"臣高其佩"朱文
印和"恭绘"白文印。

（陈启建）

68. 边寿民芦雁图轴

清

纸本 设色 纵165.5、横82厘米

边寿民（1684～1752年），原名维祺，以字行，更字颐公，号渐僧，又号苇间居士，江苏山阳（今淮安）诸生。与王孟亭友善。用泼墨法创写芦雁。潇洒生动，飞鸣宿食，各得神趣。间画山水、花卉，别有逸致。工书法，所居苇间书屋。

此图画芦苇丛生的沙渚坡岸上有四只野生无华的大雁，有的盘旋将下，有的引颈昂望，有的转首梳理羽毛，有的埋头觅食。动静翔集，各俱生态。以娴熟的泼墨法写大雁的躯体，并在大雁的喙间和足部略施赭黄。用没骨法画芦苇，浓淡有致，运笔流畅，状物准确传神，笔墨干净利索。自题诗一首。署款"也古泼墨"。钤"也古道人"白文印。

（陈启建）

69. 缂丝寿星图轴

清

缂丝 纵157、横82厘米

无款。此轴用彩色丝线缂织成一幅祝寿画。图中一位银须白发，身穿蝙蝠、寿、卍图案宽袖长袍的寿星，左手捧仙桃，右手柱龙头拐杖，杖上挂有葫芦、灵芝、经卷。年轻美貌的麻姑手抱酒瓶随其身边。麋鹿身负牡丹立在身前。空中飞舞着两只蝙蝠，寓意福、禄、寿三全，平安富贵，子孙万代，表示向夫妻双全老人祝寿。用色娇艳，气氛祥瑞，但不俗气。用缂丝多种技法及细部工笔精描的缂绘形式，完美和谐表现了图画的精美。

（陈启建）

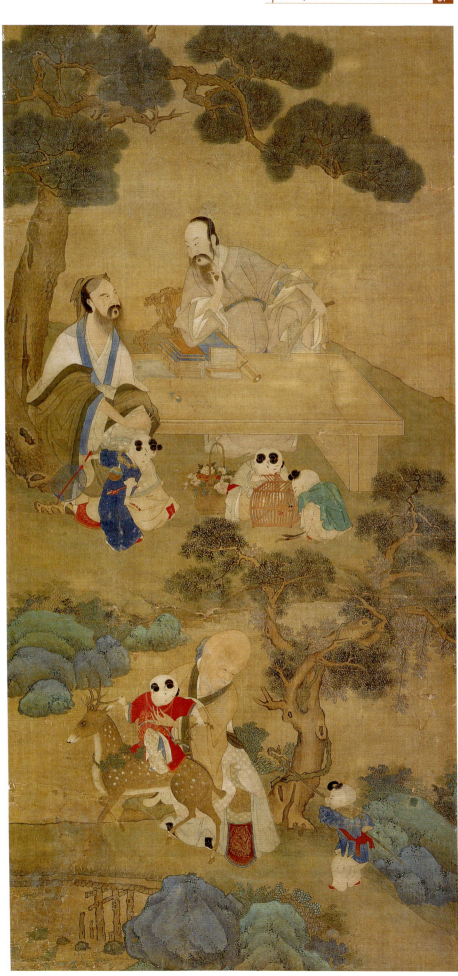

70. 绢地三杰图轴

清乾隆

绢本 设色 纵198、横96厘米

无款。此幅图为民间传说的福、禄、寿三神聚会情景。古松树下，温文尔雅福星手执如意与旁边禄星谈经论道，石桌上摆放书籍、手卷。前有三婴儿正忙着玩蝈蝈。小桥上广额白须的寿星抱着穿红衣婴儿骑上梅花麋鹿，另一婴儿手持鸠杖紧随其后。呈现一片轻松自然、恬静祥和的情景。全幅构图严谨饱满，人物情态生动传神，衣褶勾线圆润秀劲，纤细流畅，树木山石勾勒工致，色彩浓艳。坡石大青大绿，与人物绿衣红裳相互争辉。

（陈启建）

71. 罗汉唐卡

清

布本　设色　纵95、横64厘米

无款。图中用工笔重彩描绘五位罗汉，绿色或淡红色头光，法相宁静安详，穿通肩柔软袈裟，盘膝端坐，有的手托佛经；有的手持香炉；有的手拿法器；有的右手执笔，左手持贝叶；有的双手结祥定印。身后绿色山峰，祥云缭绕。图上方正中为无量寿佛。

此图构图严谨，均衡。人物生动传神，以细密而明锐的铁线描绘。衣纹宽紧有致流畅。色彩精致富丽，冷暖对比鲜明，色调明朗，庄重典雅。

（陈启建）

72. 朱琏孔雀牡丹图轴

清

绢本　设色　纵202、横116厘米

朱琏（生卒年不详）。清画家，名一作涟，字若贤，号石斋，江苏扬州人。花卉翎毛
初学宋人，后学恽寿平、华嵒，其花鸟画非常精细，兼作仕女画，但很少见。

作品为两幅。图绘两岸兀立玲珑透剔、形状诡奇的湖石，石旁盛开娇艳的牡丹、绣球
花迎风招展，一雌孔雀蹲立石端，回首梳理艳丽羽毛，一雄孔雀伫立对岸坡石上，引
颈鸣叫，湍急溪水淙淙面前流过。此画用工笔重染。坡石与花互相穿插，浓淡相间，
疏密有致。孔雀一动一静相互呼应。形态活泼自然。笔法精细，色彩浓郁绚绮，富丽
堂皇，令人神怡。署款"邗江朱琏"。钤印不清。此两幅画合成一幅完整的画面。

（陈启建）

73. 芙蓉鸳鸯图轴

清

绢本 设色 纵156.5、横80.5厘米

无款。此图奇石兀立，桂树干粗叶茂，横贯画面，枝头桂花点点。石畔数枝芙蓉花迎风招展，树下一对鸳鸯，一伫立石端俯首下看，一转头戏水觅食。色彩斑斓，生动活泼。此画运用工笔重彩，笔墨工细，色彩浓艳绚绮，情趣天然。

（陈启建）

74. 任熊人物图轴

清

纸本　设色　纵105、横38厘米

任熊（1823～1857年），一作（1820～1856年），字渭
长，号湘浦，浙江萧山人。早年在宁波，为姚燮所称
许。后寓居苏州，往来上海卖画。擅人物画，学陈洪
绶，笔法圆劲，形象夸张。有《任渭长四种》，为清末
木刻画精品。亦工花鸟、山水。

此图画在古松怪石下，一老者头带幞巾，身着红
袍，席地端坐，仪表端雅，意态安详，身后一贵
妇，丰腴浓艳，高髻簪花，绿衣宽服，姿容秀美，
立倚松干。人物神情恬静、安详。构图别致，笔法
圆劲流畅，色彩娴雅，富有装饰情趣。署款"萧山
任熊画"。钤"渭长"、"熊"朱文二印。

（陈启建）

75. 任预鸟巢禅师画轴

清

纸本　设色　纵76、横36厘米

任预（1853～1901年），字立凡，浙江萧山人。任熊之子，在上海、苏州卖画。画艺得任熊、任薰指点。擅长画人物、山水和花鸟。构图别致，设色淡雅，花卉学宋人勾勒法。

此图画一僧人倚坐菩提树上，眉毛和胡子浓黑，目光炯炯注视远方。树干苍老虬结，树叶茂盛，树下祥云飘绕。构思巧妙简洁，树干皴染结合，双勾画叶，人物面部略施淡彩。形象逼真传神。充分表现禅师超凡脱俗，与世无争之态。题识"鸟巢禅师，乙未菅中立凡任预"。钤"立凡"朱文印。

（陈启建）

季芳先生惠存
居炎方无所謂節序
三月星洲乃有花會萬紫千
紅不殊宗邦景色而吾壯士正在浴血苦戰也
悲鴻

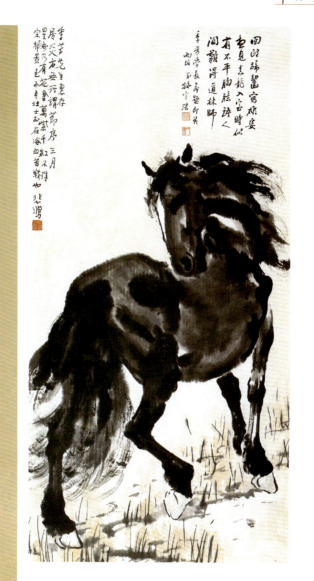

76. 徐悲鸿怒马图轴

现代

纸本 设色 纵110、横55厘米

徐悲鸿（1895~1953年），著名画家、美术教育家。江苏宜兴人。少时刻苦学画，后留学法国。抗日战争期间，屡以己作在国外展售，得款救济祖国难民；并参加民主运动。新中国成立后任中央美术学院院长、中华全国美术工作者协会主席、擅油画、国画；尤精素描。融中西技法，而自成面貌。

此图画一匹扭头发怒的黑色骏马，是抗日战争期间在南洋赠给季芳先生的。画家运用粗犷有力的线条勾勒马身，用墨渲染，浓淡有致。浓墨写强壮的四肢，细笔勾马蹄，焦墨阔笔挥洒鬃毛和马尾。造型概括、准确，质感、动感强烈。充分表达了画家在民族危亡之际，身在异国，思念正在"前线浴血苦战的壮士"，而自己未能亲自驰骋疆场奋勇杀敌惋叹之情。

题识"季芳先生惠存，居炎方无所谓节序，三月星洲乃有花会，万紫千红不殊宗邦景色，而吾壮士正浴血苦战也"。署款"悲鸿"，钤"悲鸿之印"白文印。

（陈启建）

77. 徐悲鸿柏树图轴

现代

纸本 设色 纵110、横56厘米

此轴画两棵参天古树，布满整个画面，树下一匹棕色的马低头吃草。构图饱满，古树用笔苍劲、线条流畅。造型结构十分严谨，用中国传统写意画的简洁与凝练，又结合西方传统的块面与光影，浓墨与淡墨交错，湿笔与渴笔互辉，大块墨色刚柔、徐疾的变化表现古树的苍老，用缜密严谨之笔精勾细染骏马。署款"季芳先生惠存。甲戌冬日悲鸿"。钤"悲"白文印。

（陈启建）

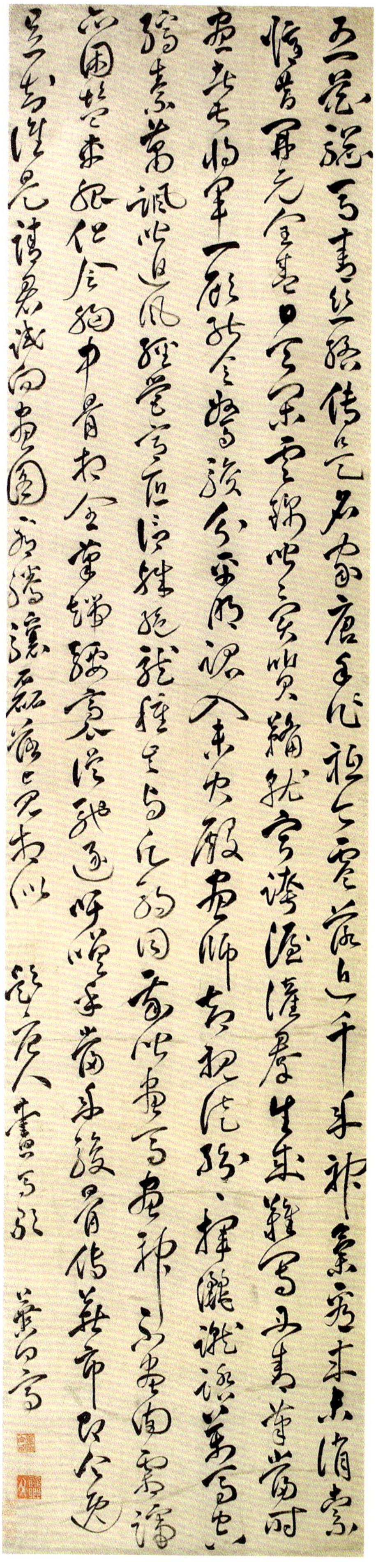

78. 叶向高行书唐人画马歌

明

绢本　纵212.5、横52厘米

叶向高（1559～1627年），字进卿，又字台山，福建福清人。万历十一年（1583年）进士。官礼部尚书、东阁大学士。谥文忠。工书法。

此轴是书写"题唐人画马歌"。有放达洒脱之貌，法度森严入神，笔法干净利落，体势奇幻，布局精工，以缓势书写，中锋用笔，一顿一挫，能取能舍，起伏相承，气脉贯通，婉转多变，含蓄灵劲。署款"题唐人画马歌。叶向高"。钤"叶向高印"朱文印、"进卿父"白文印。

（陈启建）

79. 陈继儒草书轴

明

纸本　纵112、横36厘米

陈继儒（1558~1639年），明文学家、书画家。字仲醇，号眉公、麋公。华亭（属上海市）人。自命隐士，居小昆山，而又周旋官绅间，时人颇有讥评。善于鉴别书画，然颇多舛误。所辑《宝颜堂秘笈》，保存了若干小说和掌故资料。

此轴草书挥洒自如，流畅自然，多侧锋，笔力清劲道迈。线条清逸圆润，运行起伏顿挫、节奏分明。转笔处沉着有力，字间疏朗空阔。署款"继儒"，字有残缺。钤"陈继儒印"白文印。

（陈启建）

80. 张瑞图行草五律诗

明

绫本 纵160、横45厘米

张瑞图（1570~1641年），字长公，号二水，又号白毫庵主人。福建晋江人。明万历三十五年（1607年）探花。官至武英殿大学士。工书画，书法奇逸，于钟繇、王羲之外，得有张旭、怀素、孙过庭流韵。与刑侗、董其昌、米万钟并称"明末四大书家"。对日本书坛影响甚大，被称为"水星"。

此轴书法以露锋起笔，笔画伸展，夸张倾斜度很大。转折尖锐，使结体多呈锋利、劲挺气势，在章法上字距紧密，行距宽松。整个作品笔调奇险，节奏明快，气魄宏大。署款"果亭山人瑞图"。钤"瑞图"朱文印、"书画禅"白文印。

（陈启建）

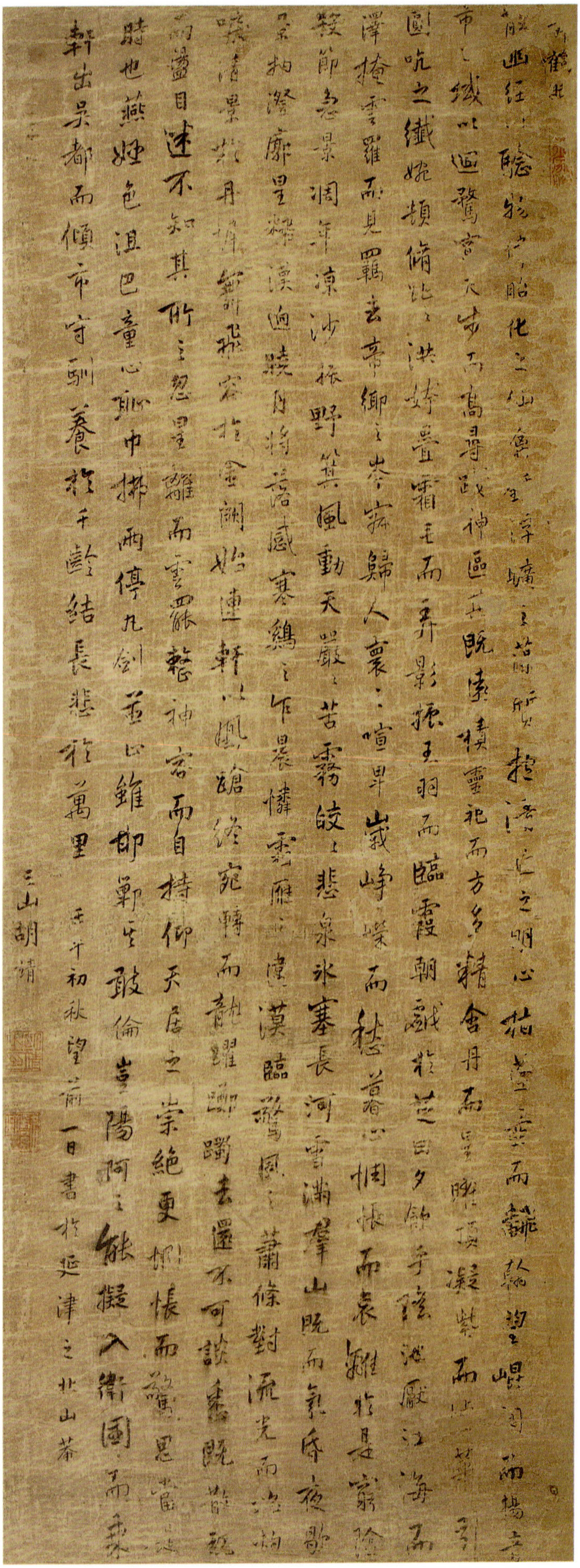

81. 胡靖行书舞鹤赋轴

明

绫本 纵114、横43厘米

胡靖（生卒年不详），字献卿。后为僧。名澄雪，自称澄雪道人，福建南平人。《武夷山志》载僧海靖云即胡献卿。博学能诗，尤善书、画。尝泛海至琉球，揽岛屿风景，绘为图志，刻画精工。并能参悟妙理，赋诗见志。此轴书法结构谨严，用笔挺健，笔力沉实，字法缜密，书体方整，洒脱不俗。款题："壬午初秋望前一日书于延津之北山菴。三山胡靖"。钤"胡靖之印"朱文印及"献卿印"白文印。

（陈启建）

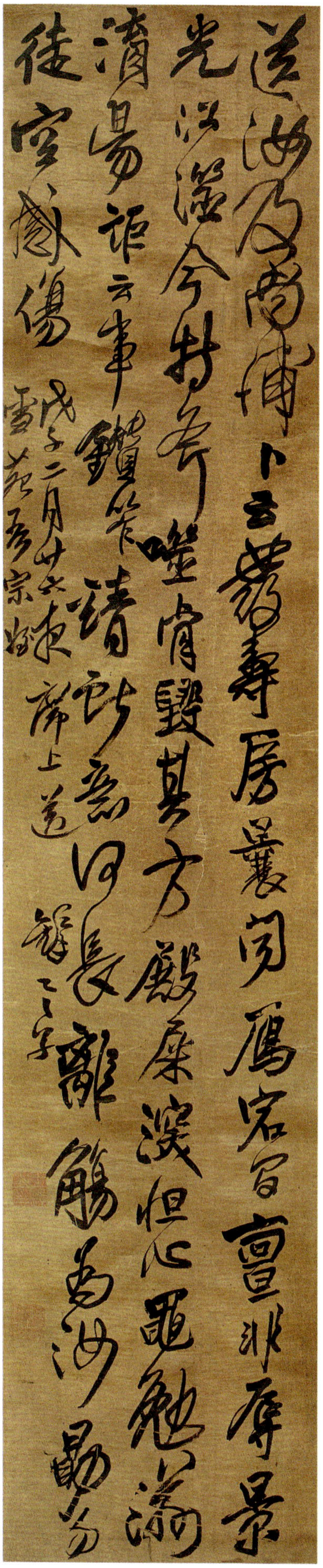

82. 王铎草书轴

清

绢本　纵231、横48厘米

王铎（1592~1652年），清书法家。字觉斯，号嵩樵，河南孟津人。南明弘光朝官礼部尚书、东阁大学士；事清，官至礼部尚书。工行草书，多得力于颜真卿、米芾二家。笔力雄健，长于布白。兼能山水、兰竹。有《拟山园帖》集刻其书法。

此轴挥洒自如，纵横跌宕，自然出奇，笔势稳健，转折顿挫，方圆并举，线条雄健有力，章法奔放恣肆而又安排紧密奇巧，字大小错落相配，于纵能敛，酣畅淋漓。款题"戊子二月廿六夜席上送雪苑我宗姪。铎言草"，钤"王铎之印"白文印。

（陈启建）

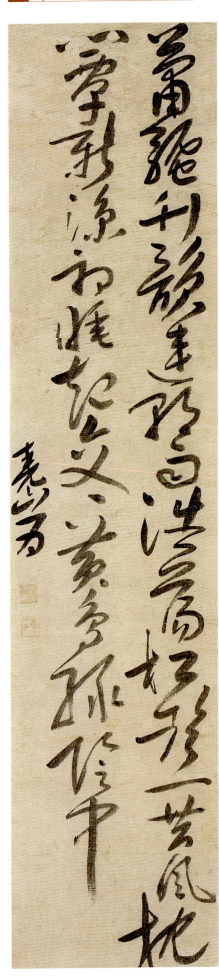

83. 丛大为草书七绝诗

清
纸本　纵111、横25厘米

丛大为（生卒年不详），字祥子，号尧山，丛兰之后，山东文登人。顺治乙未进士，官江南句容县知县。诗才清脱，尤工临池、草书得"二王"遗意，有著述。

此轴书法气势豪放，纵逸跌宕，挥洒自如，用笔苍劲，流利洒脱，转折多圆势，而很有骨力。署款"尧山为"，钤"丛大为印"白文印及"尧山"朱文印。

（陈启建）

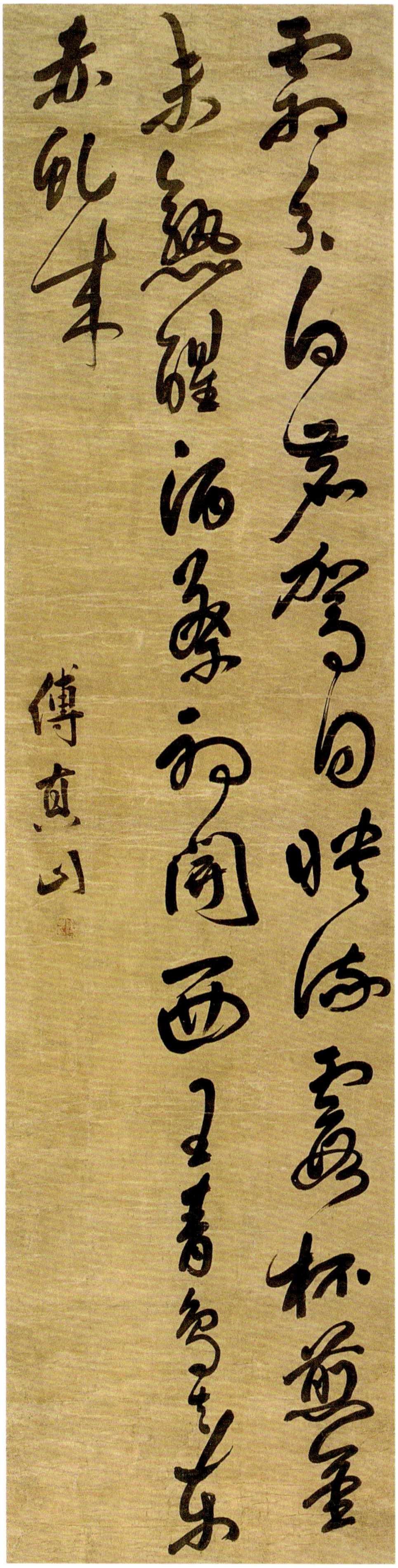

84. 傅山草书轴

清

纸本 纵182、横47厘米

傅山（1607~1684年），明清之际思想家。初名鼎臣，字青竹，后改字青主，别字公它。山西阳曲人。明亡后拒不应试，气节为世所重。博通经史诸子和佛道之学，兼工诗文、书画、金石，又精医学。

此轴书法起伏跌宕，字势屈曲盘绕。字间揖让纵敛连带自然，用笔健劲，流畅奔放，通篇奔龙飞蛇。署款"傅真山"，钤"傅山印"白文印。

（陈启建）

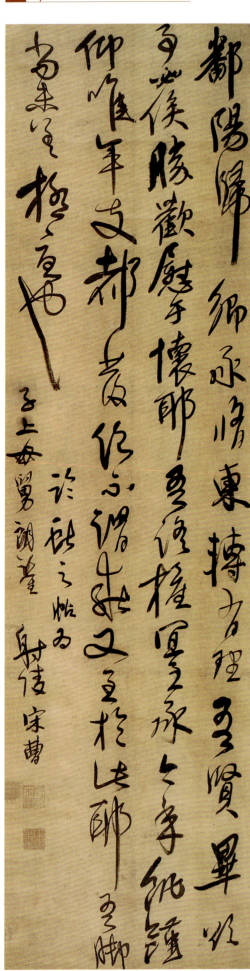

85. 宋曹草书轴

清

绢本　纵212、横58厘米

宋曹（1620～1701年），字彬臣，一字邠臣，号射陵，江苏盐城人。明官中书，入清后隐居不仕。工诗，尤精书法。

此轴草书笔笔着力，字字异形，行行殊致，极其自然。笔力苍劲，气势融贯，跌宕起伏，如行云流水，一泻千里之势。题识"于献之帖为子上母舅朗鉴"，署款"射陵宋曹"。钤"射陵宋曹"朱文印及"中书之章"白文印。

（陈启建）

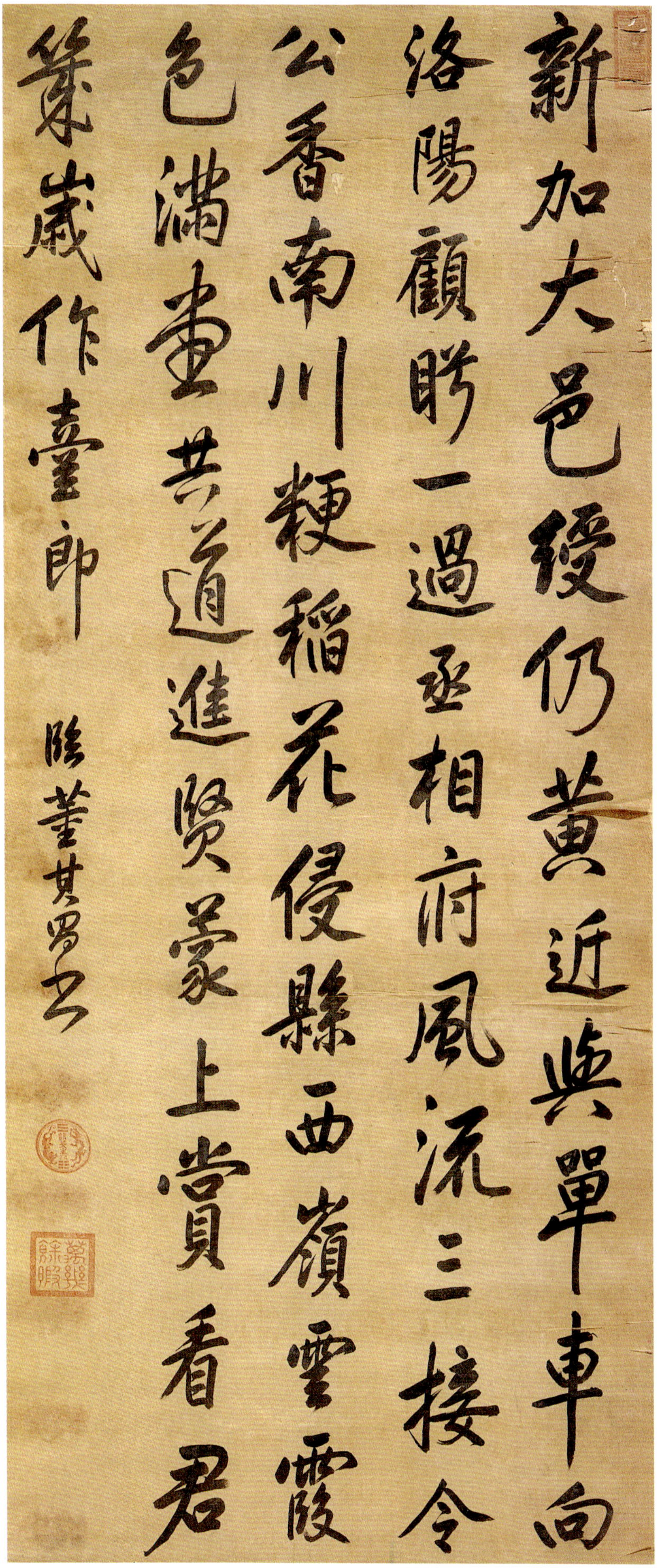

新加大邑綬仍黃近與單車向

洛陽顧盼一過丞相府風流三接泠

公香南川粳稻花侵縣西嶺雲霞

色滿畫共道進賢豪上賞看君

篆歲作臺卿

临董其昌书

86. 康熙御笔书轴

清

绢本　纵220、横95厘米

爱新觉罗·玄烨（1654～1722年），清代圣祖皇帝，世祖三子。1662～1722年在位，年号康熙。工书，尤爱明董其昌笔。此轴书法临董其昌，笔画圆劲秀逸，平淡古朴，布局分行疏朗。结体舒展。题识"临董其昌书"。钤"体元主人"、"万几余暇"及"三无九有"朱文三印。

（陈启建）

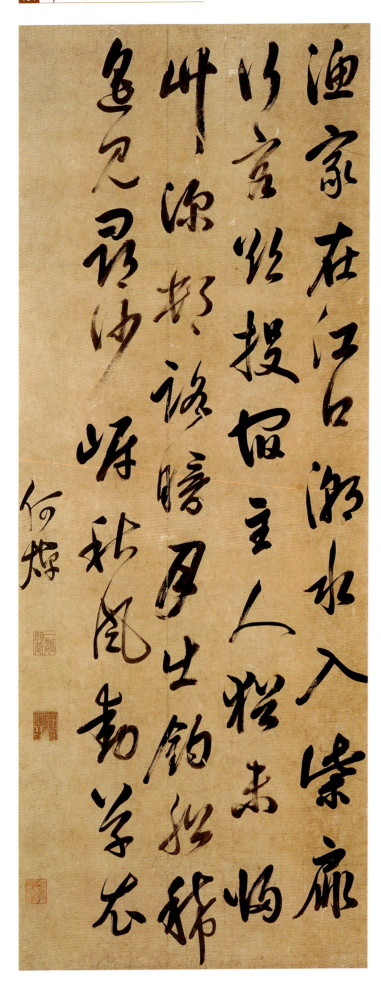

87. 何焯草书轴

清

纸本　纵113、横43厘米

何焯（1661～1722年），字屺瞻，号义门，一号
茶仙，又号润千、香案小吏，长州（江苏苏州）
人。康熙四十二年（1703年）进士、授编修。博览
群籍，长于考订，校勘古碑版最精。精于书法，小
楷最工，与姜英、汪士宏、陈奕禧称四大书家。

此草书布局舒朗停匀，结字严整润雅，笔法端重道
丽。气韵畅融。署款"何焯"。钤"一瓢颜巷"朱
文印及"太学何生"朱文印。

（陈启建）

88. 蒋衡行书轴

清

纸本　纵88、横43厘米

蒋衡（1672～1743年），字湘帆，又名
振生，一字拙存，晚号江南拙老，一
作江南拙叟，又号函潭老布衣。江
苏金坛人，居无锡。贡生。尝校正并
楷书十三经，计历十年，至乾隆三年
（1738年）始成。善书法。

此轴布局舒洁停匀，用笔流畅，圆
润秀雅，洒脱自然，结字修长。署款
"江南一老拙蒋衡"。钤"杜陵翁"、
"名畲衡"、"江南布衣"白文印及
"拙"朱文印。

（陈启建）

简文入华林园顾谓左右曰会心处不必在远翳然林水便自有濠濮间想觉鸟兽禽鱼自来亲人

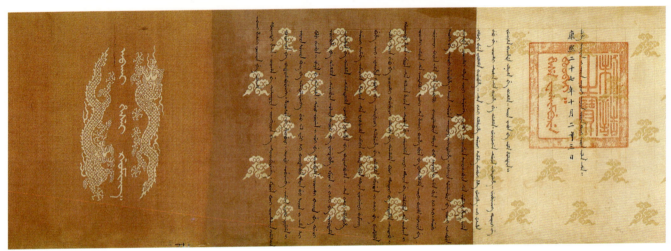

89. 满汉合璧诰命卷轴

清

织锦　长260、高30厘米

此卷是清康熙二十七年（1688年）颁发的圣旨。是赐赠高峋之父
为中宪大夫拜他喇布勒哈番，赐封高峋之母为恭人。横卷轴式。
用青、红、白、赤、黄等色纻丝织成。织锦上均匀分布朵朵祥云
图案。诰命两端各织成两条升降银龙盘绕图案。图案中有"奉天
诰命"端庄古朴的篆书或满文。内容用墨和朱砂分别以满汉文合
璧书写。汉文用端庄的小楷书写。汉文从右至左，满文从左至右
行款，合于中幅书写"康熙二十七年十月二十三日"并钤盖"制
诰之宝"满汉合璧朱文玉玺。色彩绚丽，华贵喜庆。

（陈启建）

90. 雍正御笔行书七律诗

清

绢本　纵152、横70厘米

爱新觉罗·胤禛（1678～1735年），
清代世宗皇帝，圣祖四子。1723～
1735年在位，年号雍正。喜好书法，
近法董其昌及馆阁体。

此轴用行草书写，行中夹草，以行为主，
点画潇洒自在，温润清圆，盘绕飞舞，结
体错落有致，上函下启，左右呼应。分行
布白疏秀。右上角钤"为君难"朱文印。
左下题款"雍正己酉湖际闻野南钟声之
作"。钤"朝乾夕惕"白文印及"雍正宸
翰"朱文印。

（陈启建）

91. 金农隶书南齐褚先生传

清

绢本　纵129、横45.5厘米

金农（1687~1763年），书画家。字寿门，又字司农、吉农，号冬心先生、稽留山民、曲江外史、昔耶居士等。浙江仁和（今杭州）人。少受业于何焯。曾被荐举博学鸿词科，入京未试而返。好游历，客扬州鬻诗文、卖书画最久。写隶书古朴，楷书自创一格，号"漆书"。书画俱佳，为"扬州八怪"之一。

此书轴用笔圆厚，方圆并济，横画放粗，向上凸起，呈不同程度的弧形。结体方中趋扁，方扁匀称。字形古拙，有浓厚的金石气。款题"南齐褚先生传。之江旧民金农书"。钤"金农印信"白朱文印、"寿门"白文印、"与方林处士同邑"朱文印等。

（陈启建）

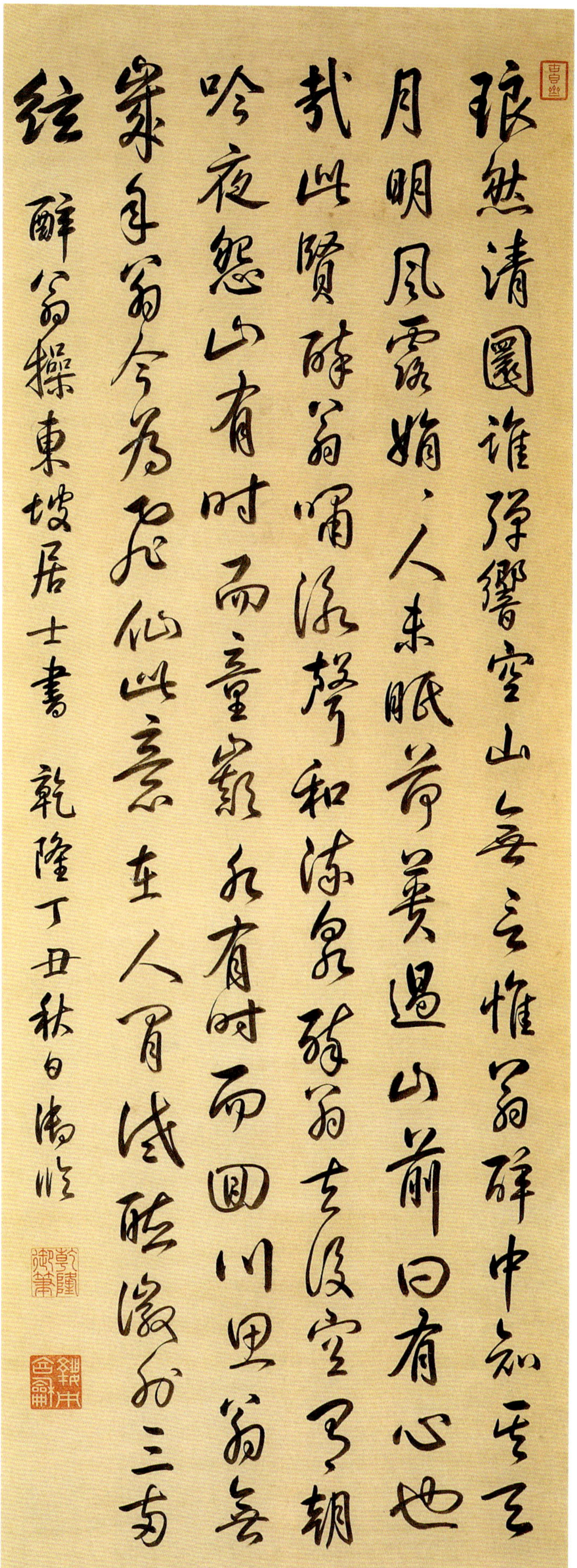

92. 乾隆御笔书轴

清

纸本　纵133、横50厘米

爱新觉罗·弘历（1711～1799年），清代高宗皇帝，世宗四子。1736～1795年在位，年号乾隆。晚年自号十全老人。陶醉于文治武功，四书五经，诗词歌赋，书法绘画，无一不精。

此轴书法用笔柔和圆润，点画均匀，婉转流畅，清秀典雅。结体稍长，缺少变化和韵味。自题款"醉翁操东坡居士书。乾隆丁丑秋日御临"。钤"乾隆御笔"朱文印。

（陈启建）

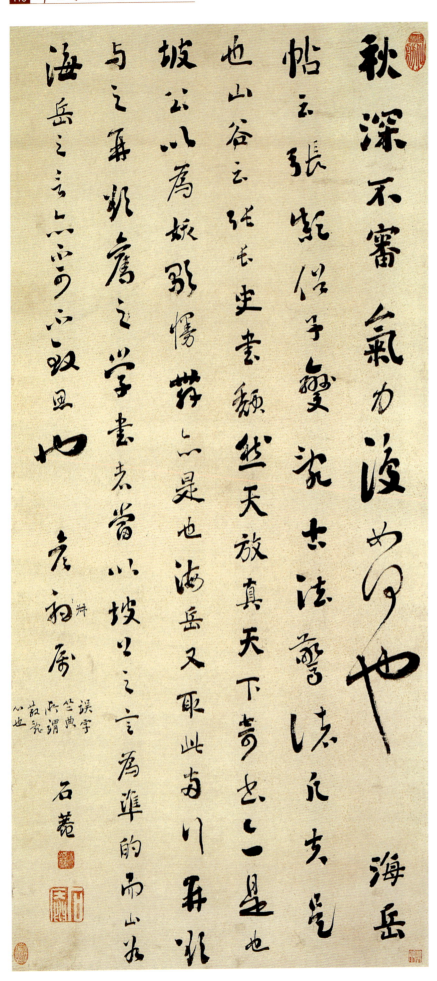

93. 刘墉行草临秋深贴

清

纸本　纵131、横59.2厘米

刘墉（1719~1804年），字崇如，号石庵，山东诸城人。官至体仁阁大学士。工书，尤长小楷，得力董其昌，兼学颜真卿、苏轼及各家法帖，而自称学钟繇。其书用墨厚重，貌丰骨劲，别具面貌。卒赠太子太保，谥文清。通经博史，能诗善书，与翁方纲 、梁同书、王文治齐名。

此轴行草笔力雄健，貌丰骨劲，丰腴肥厚中藏道媚之趣。字较圆厚，不加连绵，间架疏朗，行次宽绰有余。用墨厚重浓烈，沉重不浮。署款"石庵"。钤"刘墉印信"朱文印、"石庵"白文印。

（陈启建）

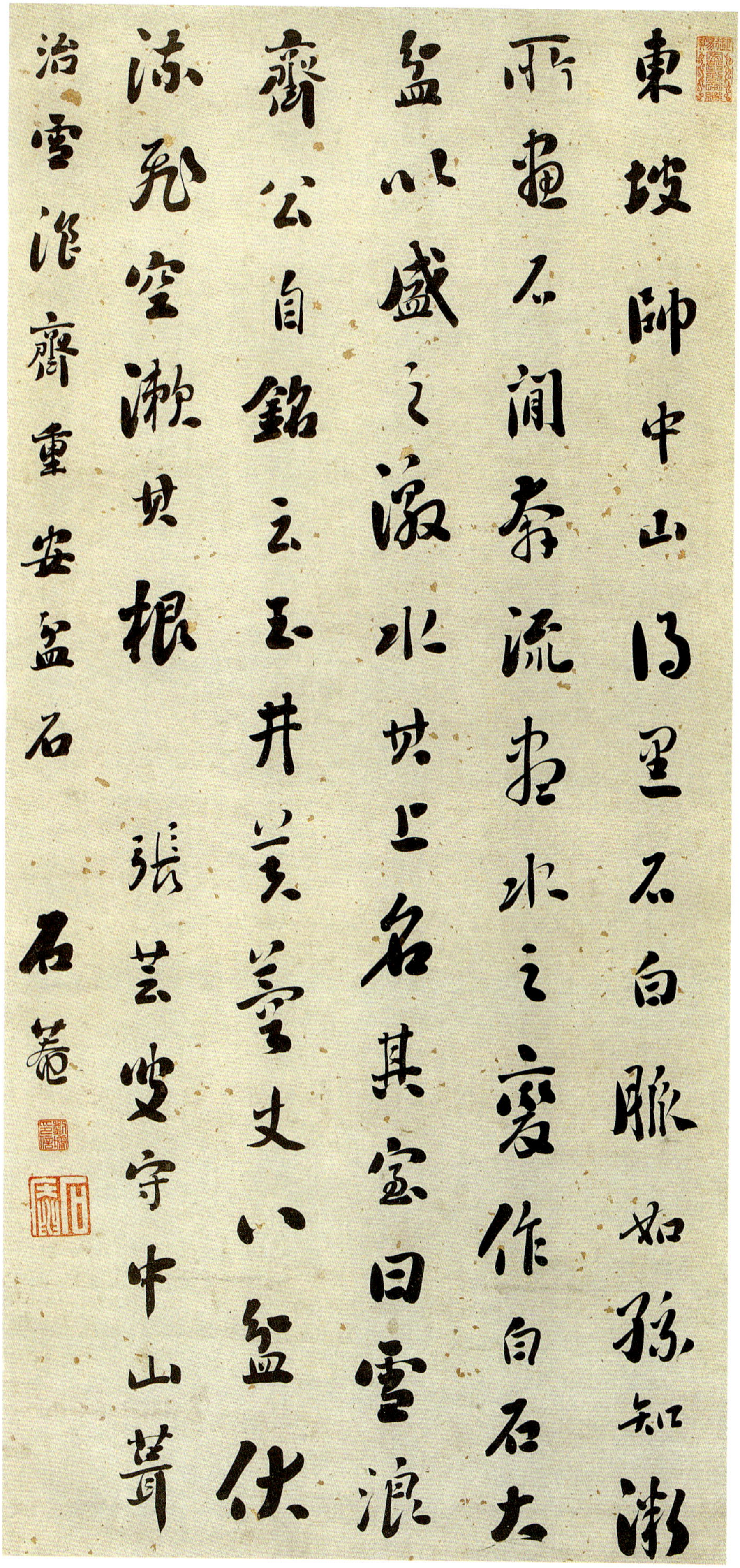

東坡帥中山為里石自脈如孫知漱
所畜石間奈流君水之蜜作自石大
盆以盛之溅水共上名其寶曰雪浪
齋公自銘云玉井芙蓉丈八盆伏
涤死空漱其根
張芸叟守中山葺
石菴
治雪派齋重安盆石

94. 刘墉行书轴

清

纸本　纵127、横60.5厘米

此轴行书笔法谨严，用墨厚重，行次宽绰有余。字以圆润取势，力度内含，线条粗细对比强烈，柔中带刚，稚拙生动，平淡舒缓外露雍容之相。署款"石庵"。钤"刘墉印信"朱文印及"石庵"白文印。

（陈启建）

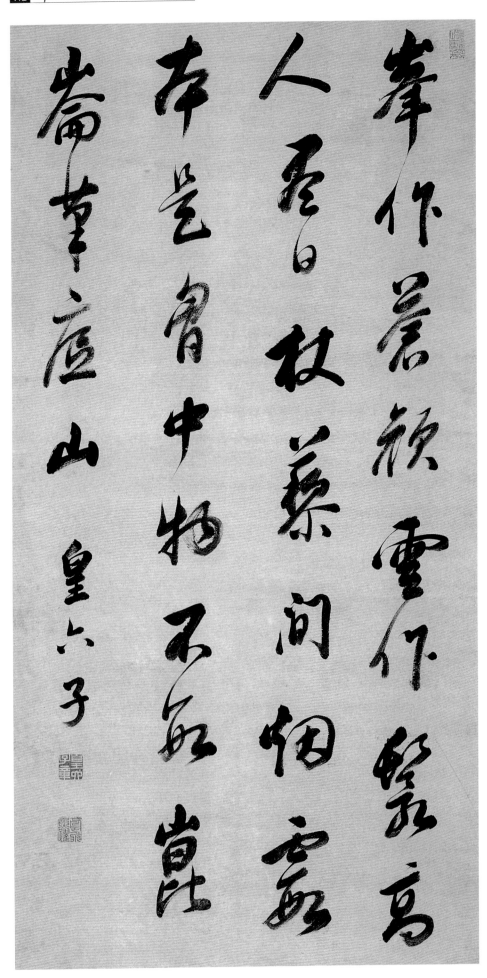

95. 永瑢行书轴

清

纸本　纵118、横60厘米

爱新觉罗·永瑢（1743~1790年），号九思主人。清高宗六子。封质庄亲王。工诗、能书、善画，通晓天文历算。

此轴书法端庄秀逸，用笔圆浑朴茂，点画牵行自然流畅，形体宽博，结构稳当均衡，字和行疏朗。署款"皇六子"。钤"皇六子章"白文印及"鸟飞鱼跃"、"慎馀斋"朱文印。

（陈启建）

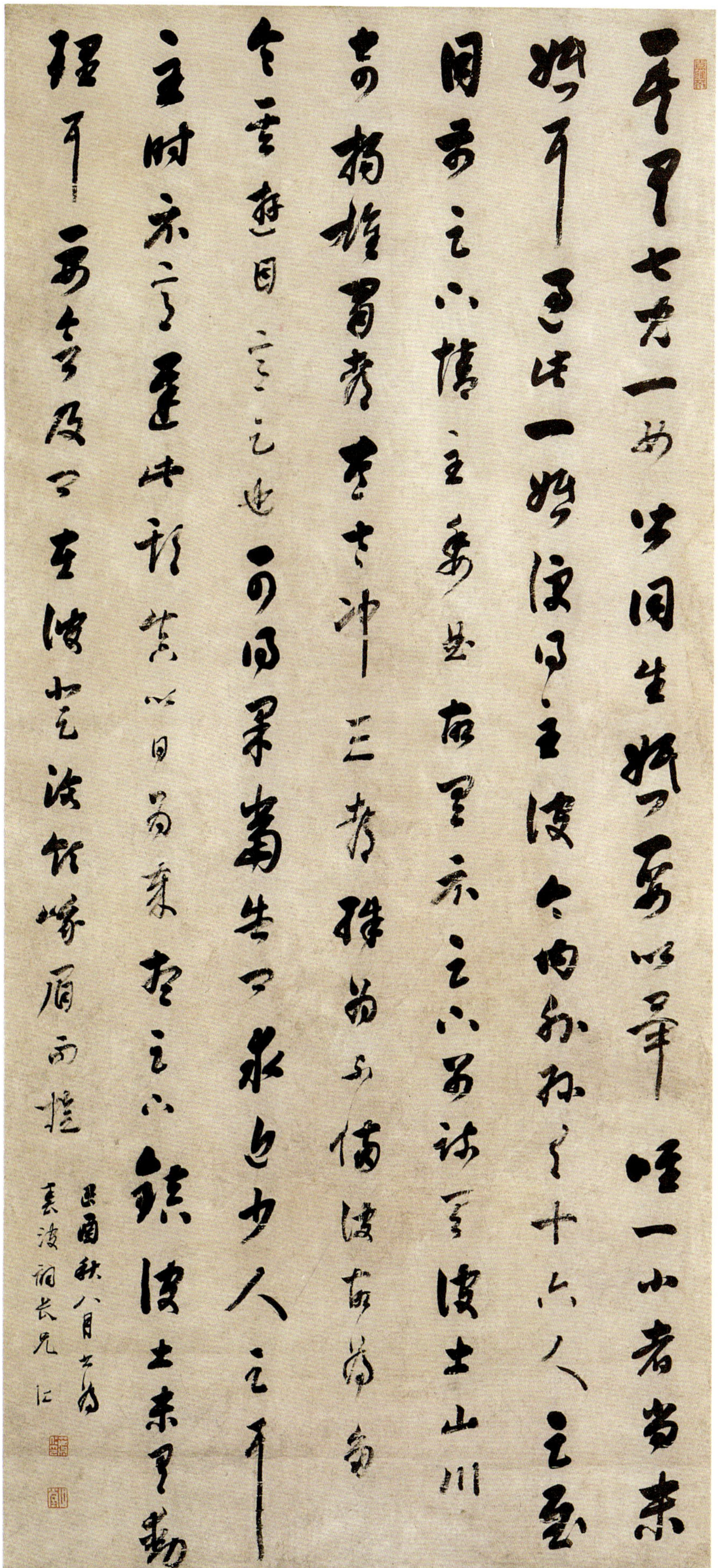

96. 蒋仁行书轴

清

纸本　纵138、横64.5厘米

蒋仁（1743～1795年），篆刻家。原名泰，字阶平，后得"蒋仁"古铜印，乃改此名，号山堂，别号吉罗居士、女床山民，浙江仁和（今杭州）人。篆刻师法丁敬，参以己意，于流利中见朴茂，且以颜体行楷刻边款，别有风致。为"西冷八家"之一，兼善书法。

此轴行书行笔流利婉畅，蘸墨饱满，雅健清朗，圆润秀雅。苍浑自然，结字修长，字行疏朗。署款"仁"。下钤"蒋仁印"及"山堂"白文印二方，右上钤"吉罗菴"朱文印。

（陈启建）

临文饶曰云心不可著、则偏作事不可尽善则需先天之学岂此之谓也思诩邵子诗云古人三古思太古诗思太古心不著书酒作教懒碎后好花好月看到半日时则事不能矣用学纪闻一则

属云世老公祖属书

乙丑四月梁同书时年七十有四

97. 梁同书行书轴

清

纸本　纵165、横83厘米

梁同书(1723~1815年），书法家，字元颖，号山舟，晚自署不翁、新吾长，浙江钱塘（今杭州）人。官至翰林院侍讲。工书，初学颜真卿、柳公权，后兼采苏轼、米芾笔法。以羊毫作大字，颇为苍劲。与翁方纲、刘墉、王文治齐名。能诗，有《频罗庵遗集》。

此轴用笔精致，一丝不苟，笔画轻重对比明显，起伏跌宕，错落有致。行距疏朗，结字法度严谨，章法平稳。洋溢着一股浓郁的文人气息。署款"山舟诒弟梁同书时年七十有四"。钤"山舟"、"梁同书印"白文二印。

（陈启建）

98. 朱珪行书轴

清

纸本　纵125、横59厘米

朱珪（1731～1806年），字石君，号南厓，晚号盘陀老人。顺天大兴（今北京）人。朱筠之弟。乾隆十三年（1748年）进士，官大学士，晋太傅，谥文正。工隶书，著《知足斋集》。

此轴字体秀逸遒劲，用笔圆润流畅，布局分行疏朗匀称。题识"芸台年兄"。署款"朱珪"，钤"朱珪之印"白文印。

（陈启建）

尔乃览秦制跨周法狭百堵之侧随增九筵之迤齐正紫宫于未央表峣阙于阊阖疏龙首以抗殿状巍巍以发业豆雄虹之长梁标以相接荷倒茄于藻井披红花之狎猎

芸臺年兄

朱珪

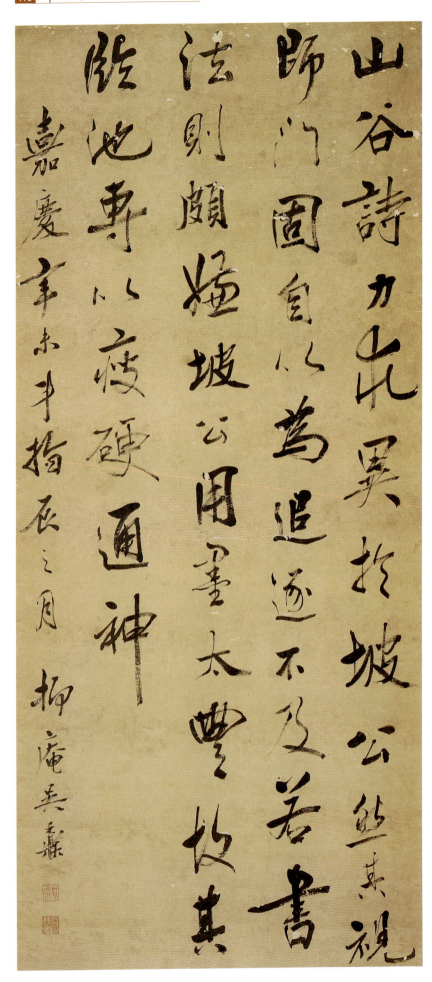

99. 吴鼒行书轴

清

纸本　纵132、横59厘米

吴鼒（1755~1821年），字及之，一字山尊，号抑庵，一作仰庵，又号南禺山樵，晚号达园，安徽全椒人。嘉庆四年（1799年）进士，官侍讲学士。花卉笔意清挺，近陈淳，山水学王原祁，兼工人物。善书，工骈体文。

此轴字不求工整，提笔挥运，起止灵劲，肢体伸展，结字瘦硬，章法清疏，古雅朴茂。署款"抑庵吴鼒"。钤"吴鼒之印"朱文印。

（陈启建）

策骑沿北谷轡鞭循径徐石磴渐偪

仄遂命易肩舆羊肠旋转百餘级数

憩林阴升岦岚春容秀雅含硐阿雲

出英～风習～阁掾西嶺衆壑巔一

覽田鉴朕概全太古結構運真宰元

氣磅礴吹泠然到此眼界廣不作遊

仙想天工民命繫予心崇效臯法愜

俯仰 阁中作歌

己巳仲春月下澣御筆

100. 嘉庆御笔楷书轴

清

绢本 纵110、横78厘米

爱新觉罗·颙琰（1760~1820年），清代仁宗皇帝，高宗十五子。初名永琰。1796~1820
年在位，年号嘉庆，能书画。

此幅楷书用笔严谨，一丝不苟。饱墨淋漓，笔画交代清楚，字体平稳扎实。题款"阁中作
歌。己巳仲春月下澣御笔"。钤"嘉庆御笔"朱文印、"所宝惟贤"白文印。

（陈启建）

故令斯人揚樂和之聲作畫一之歌功德
著乎祖宗膏澤洽乎黎庶又有天祿石
渠典籍之府命夫譚誨故老名儒師傅
講論夫六蓺稽合夫同異
文瀾九兄正之
陳希祖

101. 陈希祖楷书轴

清

洒金纸本　纵161、横26厘米

陈希祖（1765或1767～1820年），字敦一，又字稚孙，号玉香，更号玉方，一作玉芳，江西新城（今江西黎川）人。乾隆五十五年（1790年）进士，官御史。诗古文辞与星命杂学，无不究心，而书名独盛。书法张即之，兼得董其昌晚年神髓。自张照、刘墉而外，无有伦比。著《云在轩稿》。

此轴深得董其昌神韵，其布局工整，形散而神聚，行笔沉稳，娴熟老到。多用淡墨。题识"文澜九兄正之"，署款"陈希祖"。钤"臣希祖印"及"玉方"朱文印。

（陈启建）

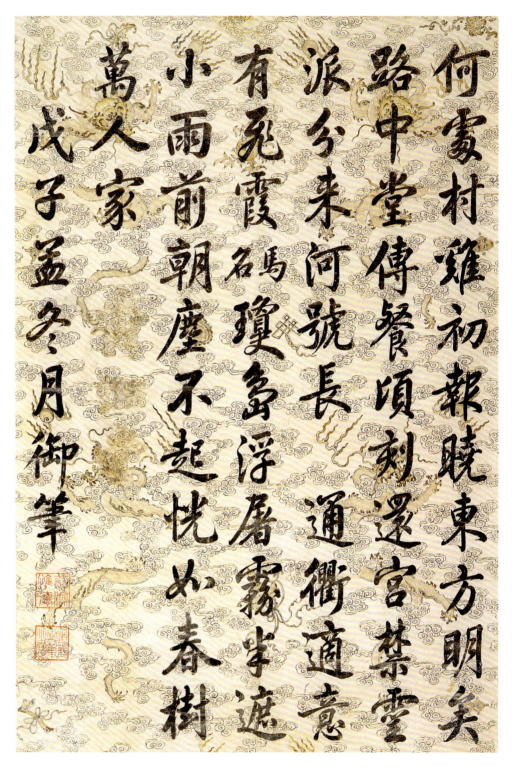

102. 道光御笔行书轴

清

纸本　纵126、横85厘米

爱新觉罗·旻宁（1782～1850年），清代宣宗皇帝，仁宗皇帝的次子。原名绵宁。
1821～1850年在位，年号道光。幼好学，工书法，能画花鸟兰草。

此轴笔法温润秀雅，工稳方正，如楷书的行化，行距颇疏，结字靡曼妍媚。题款"戊
子孟冬月御笔"。钤"恭俭惟德"及"道光御笔之宝"朱文印二方。

（陈启建）

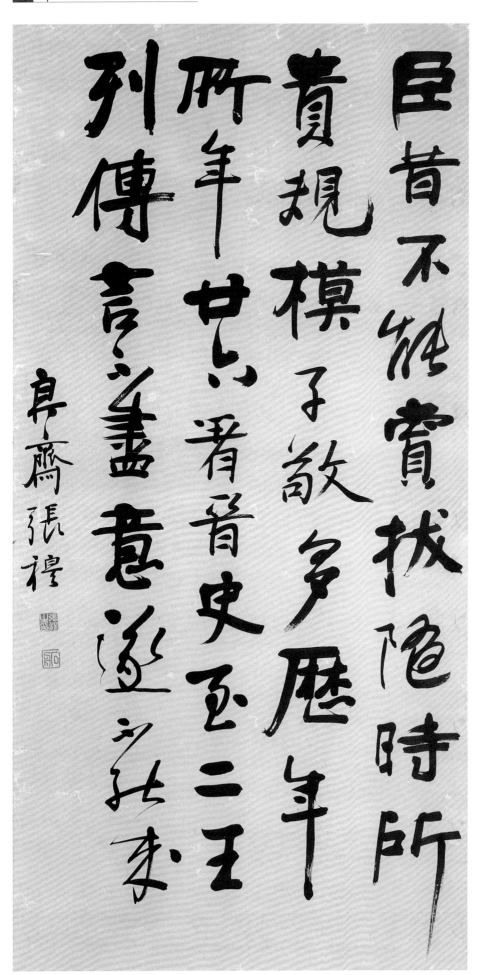

103. 张穆行书轴

清

纸本　纵125、横63厘米

张穆（1805～1849年），初名
瀛暹，字诵风，一字硕州，号
石舟，一作石洲，又号𦙃斋，山
西平定人。道光十一年（1831
年）优贡生，用知县未就。曾官
白旗汉教习。治经史，善言地
理，兼好金石碑版。书法黄庭
坚，其篆、籀、小行楷极古穆。
著有《蒙古游牧记》等。

此轴书法劲穆，清丽峻拔，结构
宽博、工稳。笔画圆转挺劲如曲
铁盘丝，豪迈沉雄。署款"𦙃斋
张穆"。钤"张穆之印"白文印
及"石舟"朱文印。

（陈启建）

104. 左宗棠行书七言联轴

清

纸本 纵145、横33厘米

左宗棠（1812～1885年），清末洋务派和湘军首领。字季高，湖南湘阴人。道光举人。官至总督，拜东阁大学士。受"扬碑抑帖"之潮流影响，其书法融碑帖于一炉。

此行书对联书法清朗，运笔遒劲，笔力雄强，风格豪放，沉着激迈，直追汉魏。署款"左宗棠"。钤"大学士"白文印及"清宫太保恪靖侯"朱文印。

（陈启建）

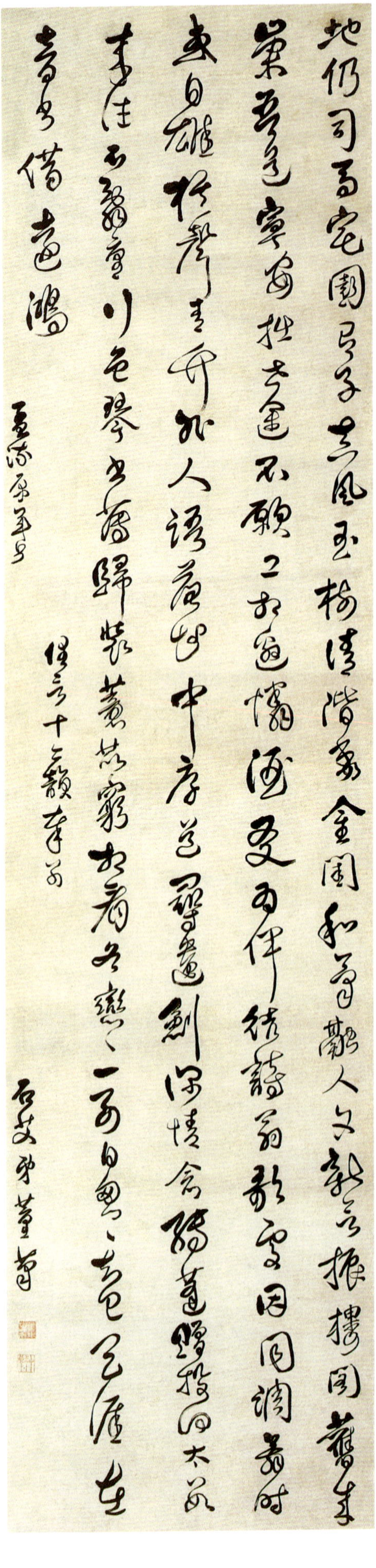

105. 董石艾草书轴

清

纸本　纵238、横59厘米

董石艾（生卒年不详）。

此轴草书用笔圆润洒脱，点画牵丝自然流畅，有信
笔浑成之势，书体行草兼施。分布匀豁工巧。行距
疏朗。署款"石艾弟董笔"。钤"董笔之印"白文
印。

（陈启建）

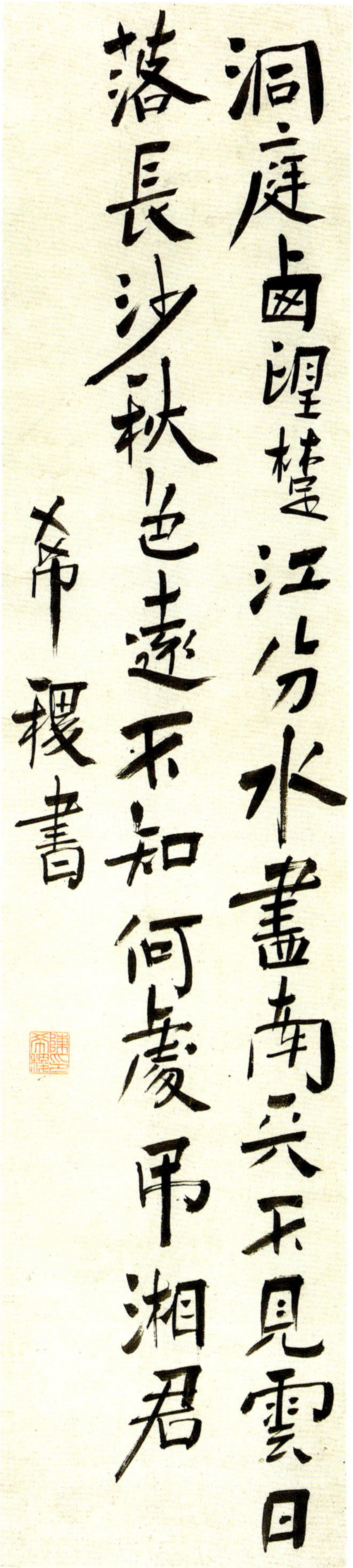

洞庭卤望楼江分水尽南云不见云日

落长沙秋色远不知何处吊湘君

希稷书

106. 陈希稷行书七绝诗

清

纸本 纵129、横30厘米

陈希稷（生卒年不详）。

此轴书法用笔瘦硬遒劲，结体不斤斤于匀称工整，而出以枯淡拙朴之姿，古雅奇崛的趣味。运笔不尚妍媚，方中寓圆，稍存隶意。署款"希稷书"。钤"陈希稷印"朱文印。

（陈启建）

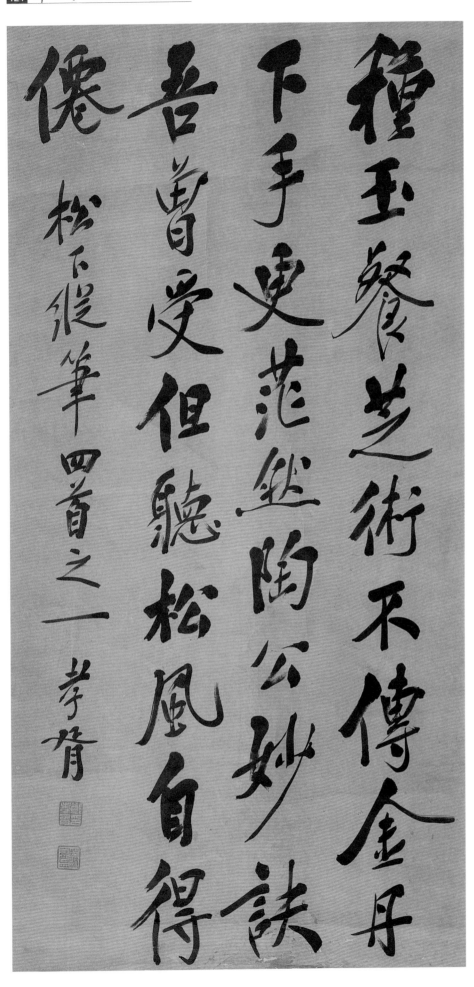

107. 郑孝胥行书轴

清

纸本　纵139、横69厘米

郑孝胥（1860~1938年），字苏戡，又字太夷，号海藏，福建闽县（今福州）人。清光绪举人，官至湖南布政使，"九一八"事变后，从溥仪任伪满洲国总理，甘为汉奸。工诗，善画松，书法豪放。

此轴行书伸展舒放，端严中露出奇肆的意韵。运笔自然，于轻捷中见稳健，灵动中透出潇洒。行笔流畅，线条粗细变化多姿。结字狭长，横肩外耸，折脚内收。横画左轻右重。竖画有内收之势。署款"孝胥"。钤"郑孝胥"白文印及"苏盦"朱文印。

（陈启建）

铜器

108. 铜剑

战国

自上而下通长分别是42.5、49.3、53、50.5、50.5厘米

兵器。剑身修长，中有凸棱脊，斜从，前锷收狭，锷锋锐利。第一把与第三把剑剑格向外突出作倒凹字形，其余三剑剑格平直。剑柄为圆柱体，其中两把柄上有一道圆箍。铜剑作为随身佩带的短兵器，春秋战国时期盛行，汉代渐被铁剑取代。

（林翠茹）

109. 五铢铜勺

汉

口径15.5、长29、高5.5厘米

舀酒器。勺体圆，平口，深腹，圜底，直柄。勺内底嵌饰一枚"五铢钱"。柄
銎内原装木柄，今朽。

（林翠茹）

110. 铜弩机

汉

长16.2、通长22.5厘米

兵器。弩机由郭（匣）、望山（瞄准器）、悬刀（扳机）、牙（挂弓弦的钩）等部
分组成。郭前窄后宽，上刻箭槽。弩机郭面有两道错金银弦纹。弩机是木弩的铜质
构件，装置于木弩臂的后部。发射时，瞄准，扳动悬刀，牙就缩下，牙所钩住的弦
弹出，有力地将矢射出。弩机创始于战国，盛行于汉晋。

（林翠茹）

111. 车马纹铜鼎

汉

口径13、高18厘米

饪食器。盖与器合成一个扁圆体，子口内敛，鼎盖斜面上有三个宝珠环形钮，两侧附耳微曲，鼓腹，体近半球形，平底，三兽蹄足。腹中部有凸弦纹。器盖与器身均饰车马战斗纹图案，画面中战士或手持兵器，或驾驶战车，或作作战状，形态各异，内容丰富。

（林翠茹）

112. 铜带钩

汉

长14、宽2厘米

腰带扣饰。带钩呈"S"形。龙头形钩首，细颈宽腹，呈螳螂肚形，边沿有一道浅凹槽。腹下突出圆形钩钮，并有"五月丙午造"五字篆书铭文。整体造型端庄古朴。带钩是古代贵族、文人和武士所系腰带的挂钩，除了主要用于钩系束腰带之外，尚具有装饰作用，起源于西周，战国至秦汉广为流行。

（林翠茹）

113. 兽面衔环双耳扁壶

汉

口径7.5、底径16.5、宽30、高27厘米

容酒器。素面。圆口，扁腹，长方形器足微外撇，肩部饰铺首衔环双耳。器形规整，端庄轻巧，便于携带。

（林翠茹）

114. 提梁铜卣

汉

口径8.8、三足径12.5、高18.5厘米

容酒器。圆盖，有三只小夔龙昂首立于盖上。直口，束颈，折肩，圆鼓腹，圆底，三兽蹄足。肩部有一对衔环耳，环上各套接两节铜链，提梁呈璜状，两端为龙首，张口衔链。

（林翠茹）

115. 錾花鎏金铜豆

唐

口径10.5、底径6、高12厘米

盛食器。侈口，深腹，圆底，竹节柄，盘形圈足。腹部錾刻凤鸟纹、树叶纹，纹饰上鎏金。圈足上为浅浮雕瑞兽图案。此器物集錾花、鎏金工艺于一身，图案装饰气韵生动，纹样优美，颇具唐朝风韵。

（林翠茹）

116. 金刚铃

唐

口径11、高27厘米

藏、蒙古、纳西、汉等族打
击乐器。由铃身、铃柄、铃
舌三部分组成。铃的造型为
喇叭口，铃柄呈半根金刚杵
的形状，铃外部喇叭口一周
镂刻金刚杵花纹图案。铃
身外形似钟，响铜铸成，圆
口，边缘平齐，顶部和周身
饰有精美花纹图案。顶端铸
成中空结构，铃柄长于铃
身。金刚铃原为佛教密宗法
器，由印度传入我国，流行
于全国各地佛教寺院，用于
喇嘛法事诵经及佛乐中。

（林翠茹）

117. 兽钮盖铜鼎

宋

口径29.6、通高33.7厘米

饪食器。带盖，子母口，附耳，鼓腹，三象鼻足。形体连盖接近球形，鼎盖
中央有六柱支撑的环形提钮，盖上斜面有三只小卧鹿，小鹿翘首以盼，形象
惟妙惟肖。附耳斜而曲，腹下承三条粗壮象鼻足。通体铸纹细密繁缛，器盖
及器身上部饰云雷纹，腹中部有弦纹，下部则饰蕉叶纹。

（林翠茹）

118. 三连铜炉

宋

长40、宽22、高24厘米

盛火器具，应为古代熬药、炼丹工具。炉内分三个圆灶孔，灶孔相通，中间大，两边小，可同时放置三个器皿，两侧有双环耳衔把手，炉下具四兽足。炉体中下部为一只双目圆睁的兽头，张口露牙部分为炉口。器体上部饰重六边形纹及凸弦纹，其余以云雷纹为主饰，间有涡云纹、夔纹等纹饰。此铜炉形制特殊，难得一见。

（林翠茹）

119. 铜鼎

宋

口径11、底径13.4、高20.5厘米

饪食器。子母口，鼓腹，圜底，三蹄足，双附耳，带底座。盖顶布列五环钮。器身与盖铸细密云雷纹。底座亚腰形，其上镂雕勾连云纹，座壁上部饰仰莲纹、下部饰缠枝花卉纹。

（林翠茹）

120. 双鱼婴戏莲纹铜洗

宋

口径42、高8.5厘米

日常盥洗用具。圆形，敞口，卷唇，板沿，弧腹，平底。板沿饰婴孩缠枝莲花
纹，内沿饰以联珠纹，器内底主题纹饰为一婴孩在莲花丛中戏双鱼图案，两鱼
折身摆尾相对漫游，形态生动活泼，具有浓郁的自然情趣。

（林翠茹）

121. 兽耳龙虎纹罍

宋

方口边长21、底边长23.5、高80厘米

盛酒器。盖及钮帽均作四阿式，方口，短颈，折肩，腹下部收敛，斜方足。盖顶及颈部饰多个浅浮雕兽首，肩部有一对夔龙耳，下腹前后有象钮。盖、器、足的四隅和每面中线均设棱脊。通体饰龙虎纹。腹下部饰蕉叶纹，足部饰夔龙纹。

（林翠茹）

122. 错金银鸟兽纹铜罍

宋

口径18.1、底径18.2、高39.7厘米

盛酒器。盘口，束颈，圆肩，腹微鼓，高圈足。肩铸两错金银夔龙耳。全器遍
饰错金银图案，颈及足部饰错金银凤鸟纹，肩部为以错金银圆涡纹与凤鸟纹为
主题的图案。腹部饰错金银兽面纹及蕉叶纹。

（林翠茹）

123. 联珠纹分格铜釜

宋

口径43.5、高29厘米

炊具。大口，深腹，圆底。釜内均分三格，可同时烹煮三种不同的食物。
铜釜三格接合顶部有六瓣花形钮，器颈部饰一圈联珠纹，肩腹部间附等距
离六个呈平面长方形釜手錾。釜手錾可架设于灶台或支架上，方便锅下搁
柴支烧。

（林翠茹）

124. 准提菩萨坐像

元

底宽19、高28厘米

佛教造像。通体鎏金。菩萨3目18臂，头戴宝冠，身披帔帛，下着长裙，双足
跏趺坐于仰覆莲座上，座下设四足床，足框饰如意云纹。此尊菩萨共有18支手
臂，18臂皆着手钏，中央主臂作说法相，另一对手臂自然叠放于双足之上，其
余 14只手臂或结印或各持法器、宝物，其姿势或伸、或屈、或正、或侧，恍
若天生，千姿百态，无一雷同。准提菩萨又作准胝观音、准提佛母、七俱胝佛
母等名。准提意译作清净，是护持佛法，并能为众生延寿护命的菩萨。准提菩
萨为显密佛教徒所知的大菩萨，在禅宗，则称之为天人丈夫观音。准提菩萨的
图像，有2臂、4臂至84臂等9种，一般佛教徒所供奉的图像大抵以18臂3目者
为多。

（林翠茹）

125. 诸葛铜鼓

明

鼓面直径48、鼓底直径48、高27.5厘米

南方少数民族乐器。胴部微突，腰部收缩，外侈足，胴部有两对带状扁耳，耳面刻有三道弦纹。鼓面中心有十二芒太阳纹，同时饰有六道同心圆纹和两道细乳钉纹。胴部饰三角齿纹，腰足部由多道弦纹间隔开，分别饰以斜线纹、枝叶纹和排列整齐的直线纹。铜鼓是中国南方地区的古代少数民族的重器，相传由三国诸葛亮所造，用以"号令群蛮"，故又称"诸葛铜鼓"。铜鼓既是乐器，也是财富、权力的象征和顶礼膜拜的神器。

（林翠茹）

126. 龙耳衔环八宝纹花觚

明

口径29.7、底径15、高60.7厘米

陈设品。喇叭口，长颈，鼓腹，喇叭形圈足，平底。颈部双龙耳衔环。腹部八道流畅弯曲下凹弧线将腹部分为蒜瓣形。器体全身以海水波浪纹为底纹，唇部饰云雷纹，颈中部饰松鹤图案，并有四道凸弦纹。肩部饰莲瓣纹，腹部饰法轮、宝伞、双鱼、宝瓶、莲花、法螺、盘肠、白盖八宝纹，足部饰如意云头纹。整体造型美观，工艺精致。"佛家八宝"亦称"吉祥八宝"或"八吉祥"或"八瑞相"等，即"轮螺伞盖花罐鱼肠"，有一定的寓意，贯穿了佛教的基本教理和教义。

（林翠茹）

127. 铜琴

明

通长119、额宽17.2、颈宽13.9厘米

拨弦乐器。亦称"七弦琴",俗称"古琴"。琴身为狭长形铜质音箱。面板
外侧有13个徽,底板用铜制成,开有大小不同的出音孔两个,称"凤沼"、
"龙池"。琴面有张弦7根。此铜琴"龙池"内铸"□□□作子子孙孙永寿用
之"12字篆书铭文。七弦琴周代已有,定型于汉代,魏晋以后,形制已和现
在的大致相同。

(林翠茹)

128. 鎏金观音坐像

明

高55厘米

佛教造像。通体鎏金。观音菩萨头挽高髻，戴宝冠及头巾，跣足半结跏趺坐于海面隆起的山子上。观音略微俯首，慈祥恬静，面部丰满圆润，柳叶眉，双目微闭，直鼻小口，袒胸露乳，胸坠璎珞，外披低领大衣，内着裙，衣物纹饰密集有致。左手持净瓶置于宝座上，右手捻佛珠，手钏、脚钏俱全，身体右后侧雕铸一朵莲蕾。底座为六角形莲花座，座面上饰海水纹，上铸三只小龙及海龟等瑞兽。整体造型稳重端庄。

（林翠茹）

129. 鎏金经卷观音坐像

明

底长26.5、高43厘米

佛教造像。通体鎏金。观音菩萨结跏趺坐，头戴宝冠，身披彩衣，胸挂璎珞、宝珠，双臂披荷花，右手持经卷置于胸前，左手捻指，结跏趺坐于仰覆式莲花宝座之上，莲花宝座呈双层束腰。莲座上的装饰讲究，上下均饰联珠纹、莲瓣纹。莲瓣形状饱满，极具装饰意味。此造像造型丰满，整体宽厚，工整端庄。

（林翠茹）

130. 鎏金文殊菩萨坐兽像

明

底长28、宽16、高42.5厘米

佛教造像。通体鎏金。文殊菩萨正像坐狮上，袒胸赤足，头戴五佛宝冠，胸坠
多层璎珞，外披大衣，内着裙；左腿下垂，右腿上踞狮身上，左臂撑立狮颈，
右臂置右膝上。造像面相饱满，体态丰腴，鎏金明亮。狮子座骑半匍身于莲花
座上，回首仰视主人，一副温顺而不失威武的模样。文殊菩萨为我国佛教四大
菩萨（文殊菩萨、普贤菩萨、观音菩萨、地藏菩萨）之一。文殊菩萨智慧、辩
才第一，为众菩萨之首，被称为"大智文殊菩萨"。

（林翠茹）

131. 兽耳衔环圈足炉

明

口径27、底径22.5、高17厘米

焚香熏炉。侈口，折颈，鼓腹下垂，平底，圈足。肩两侧各有一铺首衔环
耳，颈部饰两道凸弦纹，肩部饰云雷纹、鸟纹及兽面纹，腹部素面，圈足饰
规整云雷纹。

（林翠茹）

132. 阿拉伯文铜炉

明

口径15.5、高7.4厘米

焚香炉具。宽口沿，束颈，鼓腹，平底，三兽足。口沿及颈部饰弦纹，腹部有
阿拉伯文纹饰。器体厚重，造型稳健。

（林翠茹）

133. 百环花觚

明

口径45.5、底径25.8、高70.5厘米

陈设品。敞口,圆腰略鼓,高圈足。颈部、足部饰蕉叶纹。器身以云雷纹为地,间以波浪纹。器身铸系近百个小环,为此件器物最具特色之处。全器自颈至圈足饰四道棱脊。内壁铸13字铭文。铜觚在商周时期为饮酒器和礼器,西周后渐消失。此件器物为仿古陈设装饰品。

(林翠茹)

134. **"张鸣岐制"款提梁式手炉**

明

口长8.6、口宽8.5、底长7.6、底宽7.3、高7.9厘米

取暖用具。红铜质地，手工制作，铜质优良，光泽柔和。器体呈方形，带盖、条形提梁，阔腰束身，平底。炉体厚重，造型质朴、稳重。器盖錾花精美，有立体感。炉盖合体，松紧自如。整体器形秀美，玲珑剔透。底部有"张鸣岐制"四字阴纹篆书款。张鸣岐系浙江嘉兴人，为明代中晚期工艺美术家、制炉大师，其所制铜炉，宫廷也十分赏识，人称"张炉"。

（林翠茹）

135. 海水瑞兽纹熏炉

清康熙

口长14、口宽11.5、高16.1厘米

焚香熏炉。盝顶式盖，盖顶上有倒盝顶式钮，子母口，器体呈斗状，有两兽耳，底呈束腰须弥式。盖钮饰雷纹，器盖及器身布满以鲤鱼、蛟龙、海马为主纹的浅浮雕纹饰，海水纹为底纹。几种瑞兽在波涛中穿梭、嬉戏，寓意"鲤鱼化龙"，喻举业成功或地位高升。炉底落"康熙年制"四字楷书款。

（林翠茹）

136. 西藏宗教人物画像挂件

清

直径34.5、厚3厘米

挂件。圆形。顶部双钮接海棠形挂钩。挂镜以如意云头纹及各种杂宝分隔为内外两区。内区以火焰形背光为底纹，中心为十臂大黑天形象，周围围绕形态各异的大黑天。十臂大黑天各臂持不同法器，头戴五髅冠，蛇形发髻，向上燃烧，如火焰状，三目圆睁，额上正中，有一天眼，眼珠突出，呲牙咧嘴，獠牙外张，现愤怒相；足踏人形象王神，弓步曲立，呈战斗姿，站立于莲花座上，莲座后配置圆形背光，背光周围镶嵌绿松石。大黑天均全身披天衣璎珞，帛带飘举，形象怒而不恶，神情憨态可掬。外区饰海水波浪纹，并铸铭文"西藏"、"日月"。此挂件配有木质底座和圆形挂圈，底座雕刻波浪纹与如意云纹。大黑天是梵语"玛哈嘎拉"的音译，是藏传佛教著名的护法神，历史上在西藏和蒙古地区有着广泛的影响。

（林翠茹）

137. 景泰蓝鎏金熏炉

清乾隆

口径11.5、高22.3厘米

焚香熏炉。铜胎。炉呈圆柱形。口沿部分饰鎏金錾刻缠枝花卉纹，腹部饰缠枝莲花纹，其下刻飞凤穿花纹饰。炉上置鎏金錾花双龙纹镂空盖，卧象盖钮饰莲瓣纹及如意云气纹。双方耳饰鎏金如意云气纹、缠枝莲纹，器身下有鎏金三象鼻足。此件器物以浅蓝色珐琅为地，掐丝活泼，形象生动，显示出太平盛世气象。炉底楷书"乾隆年制"四字款。

（林翠茹）

杂项

138. 莲瓣纹玉顶饰

唐

口径5.1、高8.7厘米

玉料呈青白色，玉质凝润细腻，器表油脂光泽。有细小绺纹处呈淡褐色沁。玉顶饰圆雕而为，整体似一朵倒挂的盛开莲花，用粗阴线和深浮雕琢出多层莲瓣，中央圆形莲蓬，莲花底部用推磨法琢出半圆球体，翻过来莲花好似在圆花盆中盛开。构思巧妙，雕刻逼真传神，刀法丰满浑厚，棱角分明圆润，具有大唐之风韵。

（赵宏伟）

139. 白玉灵芝纹嵌饰

宋

直径6.5厘米

玉料为新疆和田白玉，间有淡黄色沁。玉质温润细腻，油脂光泽。白玉嵌饰呈扁圆形，正面弧形微凸，背面内凹，用镂空透雕和去地阳纹相结合的雕法，琢一组灵芝纹饰，共六朵花用枝蔓巧妙相连，阴阳向背主次有序、疏密相间，雕工娴熟，代表了宋代玉器的风格特征。

（赵宏伟）

140. 狮子戏球纹玉砣尾

宋

长9.8、宽5.5厘米

玉料白中泛青，边框绳纹处有淡黄色沁。玉砣尾为整套玉带板中的一块，器形呈长方形，三边为方一边为圆形，四边阳纹凸起小边框，框内狮子戏球纹为深浮雕，狮子毛发用细密的长短阴刻线琢出，狮子的四肢奔跑在飘扬的丝带和滚圆的绣球上，再加上辅助纹饰云朵和山峰的衬托，狮子似在天空中游戏，动感强烈，气韵生动，不失为宋代玉器的传神之作。

（赵宏伟）

141. 玉蝉

明

长5.4、宽2.5厘米

玉料为和田白玉，玉蝉全身受沁，呈浅色膏药沁，局部为褐色沁。玉蝉形体写实，用阴刻线和浅浮雕琢出，头部双目外凸，翅膀、身体等刀法犀利简约，有汉八刀的干脆利落、简洁明快、古朴有力的特征。玉蝉在古代有两种情况，一种是生前佩带，死后随葬；另一种是专为死者陪葬制作的葬玉。此件玉蝉为前一种情形。旧俗认为蝉有数德：蜕衣而生，象征再生；高树而居、只饮露水，象征高洁；鸣声洪亮，"一鸣惊人"象征事业成功；挂于腰间，有腰缠万贯之喻义。玉蝉在历代墓葬多有出土。

（赵宏伟）

142. 玉镇尺

明

长20、宽2、高2厘米

玉料为青白色，玉质晶莹温润，细缕处有淡黄色的沁。长方形体，正面顶部中央有一组高浮雕花卉图案，约占总长度的七分之一，高浮雕左右两侧凹平面用阴刻线琢出两条对称的龙，地纹满刻斜方格纹、万字纹、几何纹，总体纹饰细密、繁缛，好似剪纸贴花。体现了明代玉器工艺制作的时代特征。

（赵宏伟）

143. 青玉方印盒

清

长5、宽5、高5.5厘米

玉料为青白色，局部有绺纹和白色斑点及沁色。印盒呈四方扁形，由盖和器身两部分组成，器身口沿内侧有一圈凸起的槽棱与盖相吻合，形成严丝合缝的子母扣合，其开合处，上下边饰回纹，盖面中央阴刻八卦纹、四边刻三角形纹，细密的阴刻线规矩精致，整体抛光柔和细腻。玉印盒为文房书画用具。

（赵宏伟）

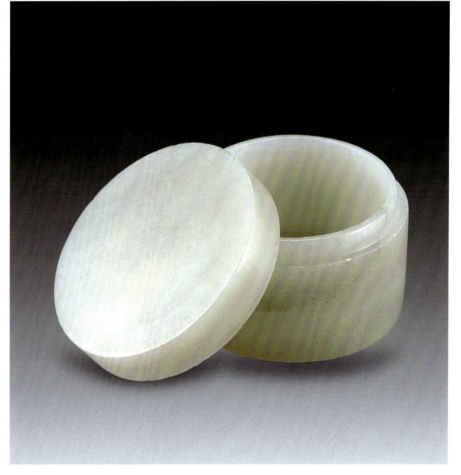

144. 白玉印盒

清

直径5.3、高3.5厘米

玉料为新疆和田白玉，玉质温润，精光内蕴，油脂感好，局部有细小瑕疵。扁圆形，由盖和器两部分组成，器身口沿内侧有一圈凸起的棱与盖相吻合，盖、身合缝严密，通体内外光素无纹，磨制圆畅平滑，造型优美，做工地道，抛光细润，是清中期高档文房佳品。

（赵宏伟）

145. 白玉如意云纹印盒

清

直径5.5、高2.5厘米

玉料为白色，局部绺纹处有浅黄色沁。器由盒身和盖上下两部分组成，为子母扣合，做工精细、严丝合缝，盒面、盒身用深浮雕、斜刀各刻三个大如意纹饰，布满其器，满而不乱，每个如意纹占圆面的三分之一，均等而华丽；盒盖、身扣合的边缘用浅浮雕刻一圈凸起的小边饰，精神而挺拔。

（赵宏伟）

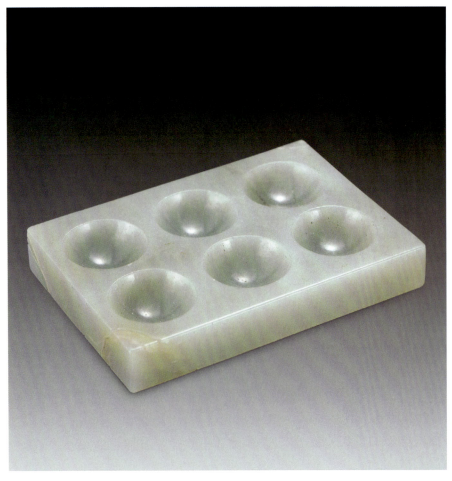

146. 白玉调色格碟

清

长7.5、宽5.2厘米

玉料为新疆和田白玉，玉质细腻温润，如凝脂般内蕴。器呈长方形，正面雕琢两排六个凹形小碟，供绘画调色之用；四边刻有一条精美细致的阴刻线装饰，背面和四侧面皆阴刻写意山水画，加之淡黄的沁色自然点缀，更增添了玉调色格碟艺术性和文人气息，此器属文房用品之少有的佳品。

（赵宏伟）

147. 玉莲藕笔架

清乾隆
长10、高3厘米

玉料呈白色，细润，半透明状，表面有油脂光泽。圆雕一平放的长莲藕，在其左上方雕一盛开的莲花，中间雕琢一立体状的鲤鱼，在莲藕的右上方有一高浮雕莲叶，长莲藕上的莲花、鲤鱼、莲叶三者之间形成起伏如波浪形的笔架造型，凹处恰好放毛笔。此莲藕笔架，构图新颖别致，雕工精细圆润，所配随形木雕底座，把白玉莲藕笔架衬托得更加高贵典雅，使其成为清代玉笔架中的佼佼者。

（赵宏伟）

148. 白玉扁鱼篓形水盂

清

足径7、口径2厘米

玉料为白色，玉质细腻滋润，油脂光泽内敛。扁鱼篓造型，内可储水，圆形，小口，大腹。小圆口用浅浮雕琢出，阳纹凸起一精美的圆边，光滑圆润，外壁以粗阴线刻出网格纹，纹饰均匀、流畅，比例恰当、和谐，雕工精致、柔和，配一红木底座，整体优美、精巧、典雅，具有较高艺术价值。水盂为文房用品之一。

（赵宏伟）

149. 玉墨床

清乾隆

长6.5、宽3.8、高2.5厘米

玉料为青白色，局部小绺处有淡黄色的沁。墨床呈几何形，通体由三个立体回字纹图案组成，镂空使正反面纹饰相同，回字纹的边缘饰阴刻线，内转角处有四个涡纹，正上面放墨锭，平面有两条光滑的凹槽，各边均为圆角四方形，一边为椭圆形，造型简洁大方，线条圆润柔和。墨床亦称墨架、墨台，研磨时稍稍停歇、临时放墨锭的用具，属文房书画用品，清代玉墨床实际功用已减弱，更多的是具有观赏意味。

（赵宏伟）

150. 墨玉双龙钮印章

清

长9.2、宽9.2、高6厘米

玉料为新疆墨玉，呈黑色，玉质凝润、细腻、纯净。玉印呈正方形，印钮圆雕双首龙，占印台面的三分之二，双龙两首相背、同一个龙身、昂首、张口、露齿，龙须下卷，双角向后，四爪粗大有力，紧抓印台顶面，雕工精致、流畅。印章是一种表示权力和凭信的用具。玉制印章最初流行于战国，先秦玉印章称玺，元代称玉押，明清时期，玉印从主要作为信验之物又发展成为可供收藏鉴赏的艺术品，形成独特的篆刻艺术，成为文房中的重要门类。此印文为朱文篆体。

（赵宏伟）

151. 碧玉龙钮印章

清

长9.2、宽9.2、高7厘米

玉料为碧玉，呈碧绿色，绿中间有细小杂色，玉质温润。玉印呈正方形。钮为圆雕双龙，一龙身上两龙头，作两首向背而吼状，龙须上卷，四龙角向后呈相连式，伏在其背上，四爪粗大有力，紧抓印台面，雕工粗犷，立体感强。印文刻朱文篆书"治晋斋"三字，字体刀法工力深厚，应出自大家之手。

（赵宏伟）

152. 玉山子雕

清乾隆

长27.8、高16厘米

玉料为新疆和田籽料，表面玉皮为黄绿色，圆滑润泽，间有褐色沁饰。天然山字造型，中间高耸、左高右低，不完全对称，呈起伏错落的山峰状，是大自然的神奇造化。雕刻家有感于这天然美妙的神韵，没有太多的雕饰，只在其上用阴刻的技法，刻有一首词和三枚印章，背面阴刻一枝梅花，抒发了作者的优雅情怀。词句、梅花和印文配在天然玉花与沁色之间，具有浓厚的文人画气息，给人以无限的艺术遐想。玉山子配有一随形木座，更增添了这件玉山子的观赏性与艺术性。

（赵宏伟）

153. 墨玉山子

清

长12.8、高9厘米

玉料呈黑色，为新疆和田籽料，天然椭圆鹅蛋形，圆润光滑。正面用浅浮雕、阴刻线琢出近景小桥流水、树木山石；远景孤舟老翁在江上垂钓，江水泛起微微波浪；更远处是悬崖峭壁，在其上用隶书刻七言诗一首，诗名为《秋江垂钓图》。整体依天然器形雕琢而成，具有诗情画意般的静谧、空灵、恬淡、幽雅的意境，雕工精致，玉料稀有，是一件较为难得的玉山子雕摆件。

（赵宏伟）

御製題花准神鎗

木蘭秋獮肇自

皇祖垂為家灋子幼齡親侍

行圍嗣位後敬繩

皇祖自辛酉歲以來歲以為常而

祖武皆所貽武功良具如虎神茨准舊准諸神鎗

卒皆寶用勿替敬成是什且識緣恕云為

虎准有文亦貽皇孫臣心永寅因合木蘭權罷

皇祖手曾用偶殲之習勞肄武遵

爾乘閑雄鹿

家灋聰聽曾元愼識兹

臣和珅敬書

154. 碧玉插屏

清

長35、寬24.5、厚1厘米

玉料为碧绿色，质凝润泽，但局部有深色小斑点。器呈长方形。正面用隶书阴刻文字137字，题目为"御制题花准神枪"，落款是"臣和珅敬书"，字体雕琢规矩严谨、苍劲有力，布局美观大方、疏密有致，背面阴刻写意山水和折枝菊花纹并描金。清代上至帝王下至百姓都喜插屏装饰，品种繁多，此碧玉插屏代表了清代插屏的流行趋向和时代风格特征。

（赵宏伟）

155. 白玉龙首带钩

清

长11.5、高1.8厘米

玉料洁白无瑕，玉质凝润、细腻，油脂光泽内蕴。白玉龙首带钩呈横写的
"S"形，龙头高浮雕加镂空雕，龙首凸额鼓目，张口露齿，双龙角向后弯曲
呈"V"字形，龙身光素无纹，背有一凸钮，似花瓣状，用以扣挂丝带，龙首
带钩整体做工简洁考究，造型古朴大方，琢磨精致细法，龙身素面，更彰显
出玉质的精美和羊脂般的光泽。极佳的玉料在雕刻中应尽量保持自然素面状
态，此件玉龙首带钩当是。

（赵宏伟）

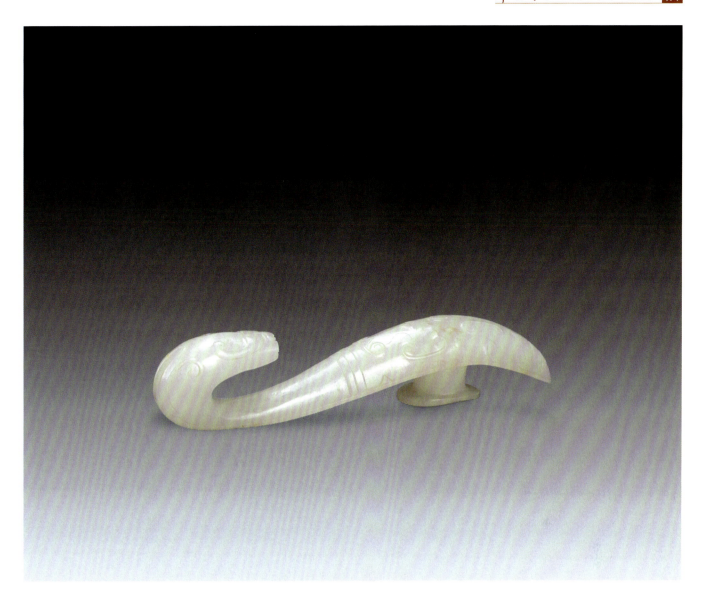

156. 白玉龙首带钩

清乾隆
长11、高1.5厘米

玉料为新疆和田白玉，有微微的淡黄色沁。带钩由整块玉料雕琢而成，似横写的"S"形，细颈、宽腹，腹下有一椭圆形钮凸出，以备扣带之用；龙首用浅浮雕和推磨工琢出龙眉、眼、嘴、角、须等，龙钩体用浅浮雕、阴刻线饰勾云纹、三角纹、弦纹，此件带钩玉质莹白、温润，有凝脂光泽，线条挺秀流畅，琢工一丝不苟，具有乾隆工的特点，为玉带钩中之上品。玉带钩自春秋晚期出现始，历代每有所见，唯形式、纹饰、大小不完全相同，清代带钩已由实用物演变为观赏品。

（赵宏伟）

157. 白玉龙首螭纹带钩

清

长12、高2厘米

玉料为新疆和田羊脂白玉，玉质晶莹、温润细腻，凝脂光泽，通体无瑕。龙钩作龙回首状，张口露齿，额部隆起，"虾米眼"外凸，龙角，毛发后扬，与其身上站立的螭似在对语，习惯称之为子母图或苍龙教子图。螭是龙九子之一，螭用高浮雕、透雕、阴刻线等手法雕琢，与龙首比例恰当，形象生动和谐。整器满工雕刻，满而不乱。作风写实，雕工精致，与极佳的玉料相得益彰，十分难得。

（赵宏伟）

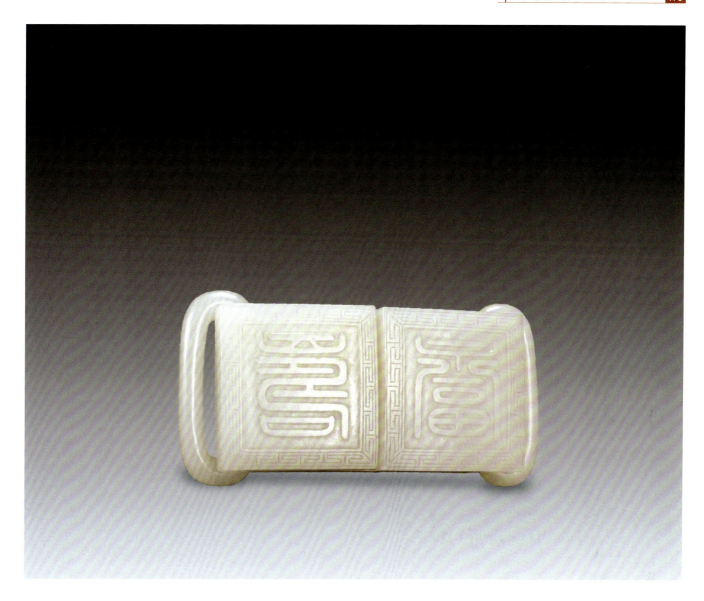

158. 白玉福寿纹带扣

清

长10.5、宽4.1、厚1.5厘米

玉料为新疆和田白玉，温润细腻，洁白无瑕，油脂光泽，为羊脂白玉。带扣由长方形子母扣把两块带头扣在一起，整料制成，可左右移动相互卯榫相接，两边为环，可供穿带用。正面方形器表用浅浮雕刻"福"、"寿"两字篆书，每字边饰阴刻回纹一圈，分则独立成章，合则浑然一体，设计巧妙，技艺精湛，玉料极佳，是集玉料与工艺于一身的神品。

（赵宏伟）

159. 白玉带饰

清

长7.4、宽6厘米

玉料为新疆和田白玉，玉质凝润细腻。长方形，背面底部有两个光滑的圆钮，供扣接丝带之用，玉带饰正面阳纹突起四边，主体纹饰用浅浮雕和阴线琢一主人骑在驴上，身穿古典式轻暖棉袍，头戴富贵形扎带棉帽，身后跟一童子，肩扛一枝梅花，主仆二人踏雪寻梅归来，人物刻画传神。辅助纹饰用浮雕、阴线刻松树、山崖、冬天封冻的河面等景色，人物景物相得益彰，构成一幅自然美妙、意境高雅的文人画。清代玉带饰实际功能已减弱，主要作为官宦贵胄文人雅士的把玩之物了。

（赵宏伟）

160. 白玉双龙戏珠纹手镯

清

直径7.2厘米

玉料呈白色，晶莹滋润，玉镯圆形成对。造型双龙首连体，上半部琢二龙戏珠纹，龙头为镂雕加浮雕而成，突眼、噘嘴、长角，圆顶，张口衔珠，整体具有清代风格，下半部琢联珠纹，珠九颗。光滑圆润，整体造型新颖别致，琢工精美，龙纹、联珠纹均是明清时代流行的纹饰，寓意高贵、吉祥、富有。

（赵宏伟）

161. 白玉扭丝纹镯

清

直径8厘米

玉料为新疆和田白玉，质地凝润温泽、洁白细腻。用浮雕、推磨技法，通体雕琢扭丝纹或绞丝纹；纹饰间距均匀，弯曲弧度一致，做工规矩严谨，技艺精湛娴熟，整体简洁大方，抛光细腻光滑。扭丝纹镯在清代较为流行，此镯为一件难得的玉镯精品。

（赵宏伟）

162. 白玉发簪

清

长13.5、头宽3.5厘米

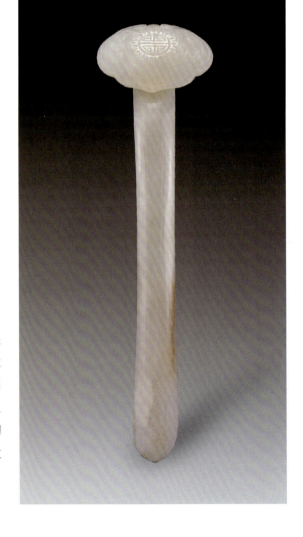

玉料为新疆和田白玉，玉质温润细腻，油脂光泽内蕴，细小绺纹处有淡黄色沁。器扁长条身，下端收尖，光素无纹；簪首稍弯作如意形，边随如意形刻一周细阴线，在阴线内又刻对卷云纹四个，中间用浅浮雕琢一圈莲瓣纹，莲瓣纹的中心琢一阳纹寿字图案，器形虽小，但制作精致，寓意美好。玉簪，先秦时称笄，汉后称簪，最初为王公贵族用来固冕，后来逐渐成为男女皆用的华美头饰。清代发簪为妇女头发装饰的专用饰品。

（赵宏伟）

163. 白玉豆角挂件

清乾隆
长6、宽2厘米

玉料为新疆和田白玉，玉质温润细腻、晶莹无瑕，表面有油脂光泽。用深浮雕、镂雕、阴刻线等技法琢磨出主体纹饰。两个圆雕豆角，一大一小由豆角叶和豆蔓自然连接，留有穿孔，供佩带之用，整体雕工巧妙精致、线条圆润柔美，抛光极佳，两个豆角图案，寓意连中双甲。此类吉祥图案，明、清时十分流行。这件白玉豆角挂件，玉料本身极为珍贵，加之构图、雕工、抛光、寓意的完美结合，从一个侧面表现了乾隆时期中国玉文化高峰期的风格特征和人们对玉器的审美趋向。

（赵宏伟）

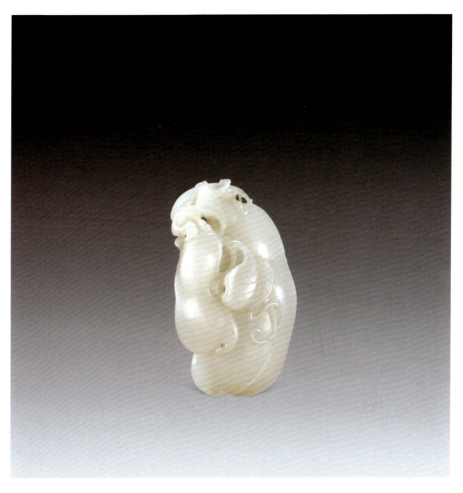

164. 玉葫芦

清乾隆
长5.5、宽3.9厘米

玉料呈白色，局部留有淡黄色的皮，滋润、细腻，表面有油脂感。器圆雕而为，一个大葫芦上左右各雕琢一深浮雕的小葫芦，由葫芦叶和葫芦藤蔓自然巧妙相连，葫芦蔓镂空雕留有佩带穿孔，大葫芦肚上有一蝙蝠作飞翔状，葫芦、蝙蝠构图，寓意洪福齐天、福禄万代之吉祥祈福颂语，抛光细腻，立意美好，具有较高的审美品位。

（赵宏伟）

165. 白玉瓜蝶挂件

清

长6、宽3厘米

玉料呈白色，局部细缕处有淡黄色的沁。器圆雕而成，主体纹饰为一瓜，瓜瓣用粗阴线琢出，自然逼真，瓜身上有一蝴蝶在飞舞，瓜的叶蔓用深浮雕和镂雕刻磨，自然缠绕在瓜蒂和瓜身上，蒂和蔓连接处留有穿孔，供佩带。打磨圆浑，刻画生动，瓜蝶图寓意瓜瓞绵绵，引申为子孙昌盛、兴旺发达。清代此类图案十分流行。

（赵宏伟）

166. 白玉葫芦挂件

清

长4.9、宽3.6厘米

玉料呈白色，质地温润细腻，器表有一块橘红色的玉皮，称之为桂花皮，乾隆时期十分流行玉器带皮。器为圆雕，主体纹饰圆雕一不规则的大葫芦，在其上浮雕一小葫芦，再由葫芦叶和枝蔓巧妙连接，留有穿孔，以供佩带。叶蔓用深浮雕、透雕、阴线琢出。整体雕工精致，抛光细润、再加上美丽的桂花皮点缀，更显自然天成、生动可爱。

（赵宏伟）

167. 白玉双龙凤纹佩

清

长8.5、宽4厘米

玉料为和田白玉，质地滋润，呈长方形中轴对称。以镂空雕、阴刻线琢出两对龙凤，双龙两首相对，双凤两首相背，龙凤身体缠绕为一体，凤颈、尾部阴刻细密的斜方格纹，龙颈部阴刻游丝毛雕纹，龙凤的身体上刻勾云纹、圆圈纹、二指纹，器为双面雕工，两龙口相对处自然形成一孔，以供系佩用。边缘打磨光滑，图案对称平衡，做工精致巧妙。

（赵宏伟）

168. 蝉纹双转心佩

清

长5.6、宽5.8厘米

玉料为白色，油性、润泽。器形呈扁状，器中心刻一蝉，寓意一鸣惊人。蝉身纹饰写实繁琐，有图案化感觉，蝉纹上下各饰变形灵芝一对，交叉相连留有自然穿孔，供佩带之用，整体布局以蝉为中轴对称，两边开两个椭圆形框，框内刻转心童子各一，童子面带笑颜，活泼可爱，雕琢较浑圆。此器双面做工，这种寓意吉祥图案在清代玉佩饰中多见。

（赵宏伟）

169. 玉磬形佩

清

长13、宽10.5厘米

玉料白中闪青，质地温润。器形呈片状，主体纹饰为一磬，磬为乐器之一，
有吉庆有余、幸福欢乐之寓意。在其表面用浅浮雕、阴刻线琢出蝙蝠、梅花
鹿、松树、灵芝、寿字等纹饰，寓意福禄康宁、万事如意。磬的上方饰一对
镂空雕龙纹，双龙两首相对拱一圆形八卦图纹。整体纹饰繁缛、寓意美好，
代表了清代"有图必有意，有意必吉祥"的时代风格特征。

（赵宏伟）

170. 青玉碗

清

口径10、高5.5厘米

玉料呈青色闪灰，通体有褐色沁，局部有瑕疵。玉碗口沿外撇，直壁，深腹，高圈足，圈足上有一圈凸起的弦纹，足略侈，碗壁内外光素无纹，足底有"大清乾隆年制"六字楷书款，整体造型沉稳，朴素大方。

（赵宏伟）

171. 海棠形花口杯

清

长7.5、宽5、高3.6厘米

玉料为岫岩玉，呈浅黄色，晶莹细润，硬度明显比和田玉低。海棠花口内敛，口沿有小磕，杯身为腰圆形四瓣花形，杯壁用推磨工琢出四瓣痕，椭圆圈足稍外撇。玉杯整体造型柔美清雅，磨制精到，抛光细腻，具有仿宋代玉碗的时代风格特征。

（赵宏伟）

172. 玉如意

清
长40.5、高5.5厘米

玉料为青白色，局部带有桂花色玉皮，玉质凝润细腻，油脂光泽内蕴。器为整块玉料雕琢而成，如意首为灵芝形，宽12厘米，其边沿有凸起的浅浮雕如意云纹一圈，内浮雕折枝双桃与蝙蝠，长曲柄作起伏状，其上正面浮雕折枝佛手、石榴；背面用阴线刻灵芝图，并有牛鼻穿，以供挂吊之用。整体雕刻线条流畅有力，花叶自然生长状，枝干花叶阴阳转折卷曲自如、茎脉清晰，构思巧妙，寿桃、佛手、石榴皆双数，合谚语好事成双，又合多子多福多寿之意。玉如意始见于魏晋，盛于明清，清代皇帝大婚必备玉如意，为订情之物，取吉祥如意之意。此如意玉质工艺皆好、器形又大，为一件十分难得的玉器珍品。

（赵宏伟）

173. 玉钱

清

直径7.5厘米

玉料为新疆和田白玉，绺纹间有淡黄色沁。形似古代方孔圆钱，外圆内方，正面阴刻"天下太平"四字楷书，背面阴刻同义满文，外边缘一圈阴刻线，使外圆边凸起；内方形四边一圈阴刻线，使内方孔四边凸起。文字雕工规范、刀法有力。此玉钱属压胜钱类，是祈福纳祥、辟邪制胜寓意的民俗钱，不作为流通之用。

（赵宏伟）

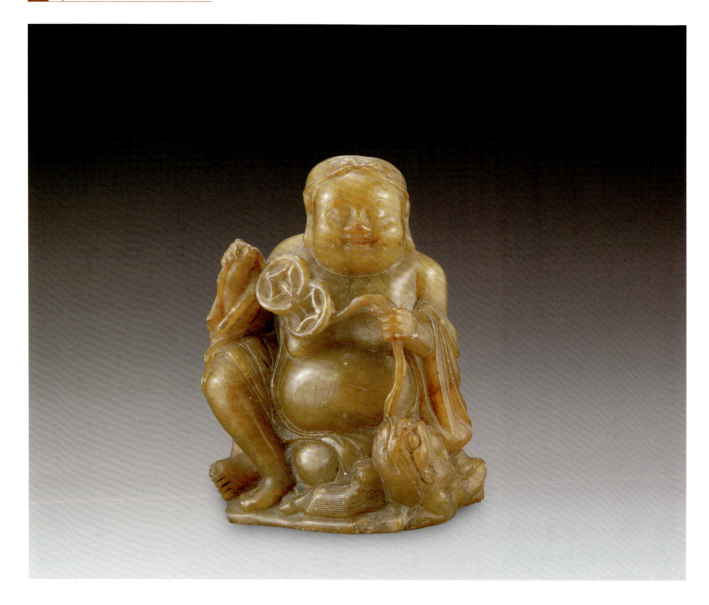

174. 青田石刘海戏金蟾

清

长8、高10厘米

质地为青田石，呈黄绿色，细润微透明，表面油脂光泽。刘海戏金蟾是民间神
话故事。传刘海从吕洞宾学道成仙，被道教尊为全真道北五祖之一，为福神、
财神，并流传"刘海戏金蟾，步步钓金钱"之说。此尊刘海戏金蟾为圆雕，刘
海弯眉笑眼、赤足坐于石上，手持花钱由长线穿过，线一头落入金蟾口中，人
物重心向前倾，面容喜庆祥和，俯视戏弄金蟾，金蟾双目圆睁仰视刘海手中的
钱串。雕刻传神，细腻圆润，人物既有神仙的风骨又有凡人的情感。为石雕艺
术中的精品之作。

（赵宏伟）

175. 象牙笏板

明

长52、宽7.5厘米

质地为象牙，黄色中微微泛红，扁梯形式，通体光素无纹，有自然的牙纹和岁月的沧桑感。笏板，是古代大臣上朝时执于手中的器具，又称朝板。笏板的作用为大臣上朝面君，记录君命或旨意，亦可将上奏的话记在笏板上。《礼记》记载"笏长二尺六寸，中宽三寸"。笏板出现的年代应早于春秋时代。明代规定五品以上的官员执象牙笏，五品以下不执笏，从清代开始，笏板废弃不用了。此象牙笏板是研究明代官吏制度的实物资料，具有较高的历史价值。

（赵宏伟）

176. 镂空雕象牙笔筒

清

口径5、高10厘米

此件象牙笔筒，系清代文人书桌或案几上的文房用具及艺术陈设品，以镂空雕、深浮雕、浅浮雕的手法，雕琢出花钱式锦纹铺底、人物花木在其上、亭台楼阁在其中。众人物在亭台楼阁中或花卉树阴下，或对弈、观看、交谈、漫步、远眺等。整体布局合理，层次井然，形成高低错落、深浅对比、自然连接的艺术效果。较好的反映出特定环境中人物在庭院雅集的场面。雕工一丝不苟、精雕细镂，意境恬淡幽雅犹如世外桃源，具有较高的艺术表现力，为清代象牙笔筒中的精品之作。

（赵宏伟）

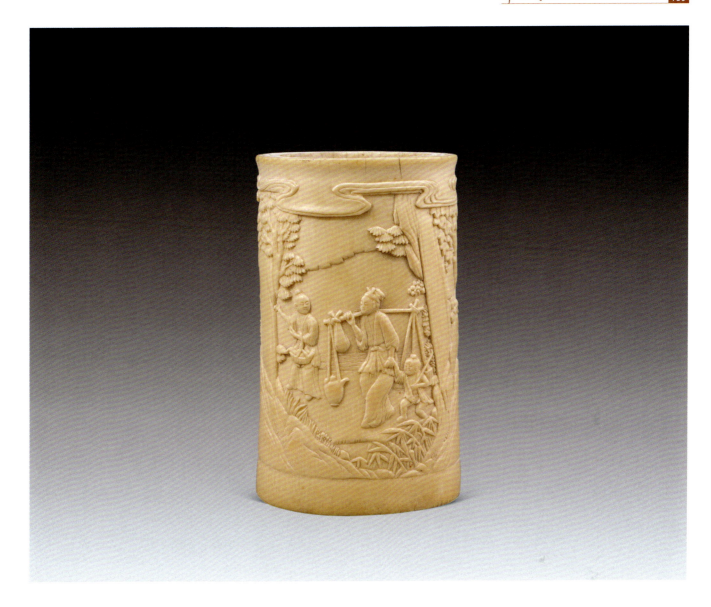

177. 象牙雕人物笔筒

清

口径8.5、高14厘米

象牙质地细腻，牙体粗大，包浆较好。口沿有细小裂纹，以高浮雕、阴刻线等
技法琢出祥云、树木、田埂、水塘和茂盛的庄稼。主体纹饰为一少妇，手牵孩
童，箪食壶浆往田间送饭，人物表情自然贴切，衣裙头饰简洁朴素；辅助纹饰
为三男子在田间弓身插秧，一老者在旁歇息，再现了田园生活的场景。构图生
活气息浓厚，雕工流畅娴熟，是一件艺术水平较高的文房佳品。

（赵宏伟）

178. 象牙镇尺

清

长19、宽3厘米

象牙呈白黄色。正面用阴刻线雕一松双鹤，一鹤立于松枝上回头远望，另一鹤
展翅飞翔朝其飞来，松树根部一簇灵芝，生机勃勃。松树、仙鹤、灵芝等图案
均用阴线琢刻，阴线上用黑漆描绘，与白黄的象牙底色呈深浅对比，清晰明快
挺拔；寓意松鹤延年，万事如意。镇尺为文房用具，是书画镇纸之功能用具。

（赵宏伟）

179. 象牙臂搁

清

长20、宽5厘米

臂搁为整块象牙制成，器呈
半圆拱形，色泽沉稳呈深黄
色，质感坚细。其上浮雕一
古代装束的人物，雕工以圆
转藏锋，如琢古玉的刀法，
阴刻、推磨出人物的五官、
手足、衣纹、鞋帽、腰带、
宝剑等，刻阴线处和推磨的
凹处用黑漆描绘，对比强
烈，巧妙自然，成功地捕捉
了人物富有神采的瞬间。臂
搁，属文房用具，我国古代
用毛笔书写是从右到左，为
了防止手臂沾墨污字，发明
了这种枕臂的工具，称为臂
搁或腕枕。

（赵宏伟）

180. 木雕达摩过江

明

高94、宽40厘米

达摩过江是佛教故事，讲述达摩受佛祖之命，前往东土传经的故事。此木雕为圆雕，达摩赤脚戴钏、身披袈裟、左肩袒露站立在茫茫大海上，额头高挺，五官生动，须眉微卷，双目炯炯有神遥望远方，清癯的身体稍微前倾，迎风渡海急速前行，袈裟上雕琢着圆形花卉图案和精美的花边饰，袈裟被海风吹动衣角自然卷起。整体雕工流畅娴熟，人物形象自然传神，为明代木雕工艺中的精品之作。

（赵宏伟）

181. 漆金木雕绿度母佛像

明

高63.5、宽50、厚52厘米

木质圆雕，融浮雕、透雕、镶嵌、披麻、贴布、漆金、彩绘等多种工艺于一身。此绿度母为坐姿，一足盘屈，一足微伸作踩莲状，头戴花蔓冠，发髻高挽，双耳垂金环，上身裸露，肩披掩腋衣，颈挂璎珞宝珠，帛带飘绕，左手捻一曲茎莲花，右手持说法印，臂钏脚镯俱全。慈眉善目，美丽安详。造型饱满丽质，雕工精致细腻，工艺繁复考究，形象雍容华贵，为明代木雕佛像中难得的珍品。绿度母即观音菩萨之化身，为二十一度母之尊，能断生死轮回，能消灾增福延寿，凡有所求无不如愿成就，其慈爱神通济世天下。

（赵宏伟）

182. 竹雕人物山景

清

长12、宽2.5、高9厘米

质地为竹根，圆雕，用透雕、高浮雕、阴刻线，利用竹根自然形状，雕琢出苍松古木、怪石嶙峋、曲径通幽。松阴下，二老对弈，旁有观者，神态各异，情趣盎然，山石"瘦、透、漏、皱"多层交错、参差凹凸，松树枝干屈曲盘旋、松针细密纤秀，具有明显的清代特征。整体构思巧妙，雕工精致，较好地反映出在特定环境中人物动态和自然风貌。情调幽雅，勘称竹雕中的精湛之作。

（赵宏伟）

183. 漆雕剔红如意

清

长41、宽11厘米

此如意为脱胎剔红漆器。端首灵芝形，长曲柄，柄中部稍宽弓起，尾部略小于端首，满工剔红雕刻有花卉、寿桃、回字纹等，精美华丽，层次鲜明，立体感强。剔红始于唐代，是漆雕的一种，制法是在模型上用布料以漆裱之，连上数十道漆灰料，然后脱去内胎，一般涂八九十层漆，趁漆未干透时，立刻进行雕刻，然后烘干、磨光。特点是轻巧美观，色泽光亮，不怕水浸，耐酸碱腐蚀，产于福建福州。此件漆如意就是用以上工艺制作而成的，刀法利落，线条规矩，锦纹均匀，为福建剔红漆雕的标准器。

（赵宏伟）

184. 漆雕人物达摩

现代

高31、宽23厘米

漆雕是一种在堆起的漆胎上剔刻花纹的技法，此漆胎达摩为圆雕。达摩双目微闭，须眉高古，嘴角分明，身体清癯，宽衣大袖，一腿跌跏，一腿曲立，神态安详坐于蒲团上。肌肤、头巾、衣服边饰和裤子为黑漆雕，上衣和鞋为剔红，衣服上有三个浮雕锦地描金圆形莲花纹图案。蒲团满刻席纹，技艺精湛，线条流畅，造型传神，乃大师之作。

（赵宏伟）

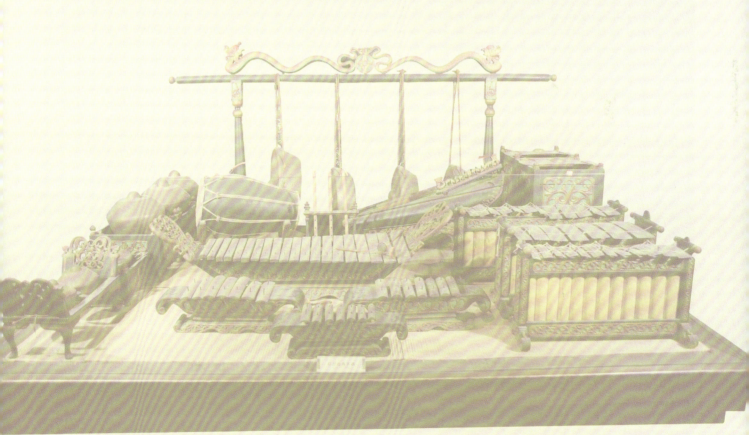

外国文物

185. 缅甸社会生活铜雕像

当代

高13.4～22.7厘米

铜质。这组铜雕像共12尊，分别表现舞蹈、体育、汲水、商贩、劳动、出行等社会生活场景，造型各异，风格写实，小巧精致，表情生动，栩栩如生，线条流畅，工艺精湛，极具特色。缅甸集美校友会捐赠。

（李丽）

186. 缅甸释迦牟尼石雕像

近代

宽65、厚40、通高95厘米

玉石质。释迦牟尼结跏趺端坐于素净玉石宝座上,头顶球状大肉髻,颔首垂目,双唇紧闭,神态超然。耳垂至肩,面容微丰,仪容端庄。身袒右肩袈裟,下束长裙,衣质薄透贴体,衣纹呈均匀的水波状分布。底座正面刻"释迦牟尼"四字。此件造像体量高大,是一尊难得的佛教造像珍品。

(林翠茹)

187. 柬埔寨铜豆

近代

口径27.4、底径19.5、通高39厘米

盛食器兼陈设用品。铜质。全器分豆盘和豆盖两部分，豆盘与豆盖扣合紧密。豆盘子母口，深直腹，圜底，粗短柄，喇叭形座。盖上有宝珠形钮，钮饰莲花瓣。豆盘、豆盖饰宗教人物及联珠纹、莲花瓣纹，底座饰蕉叶纹、联珠纹、弦纹等纹饰。全器造型稳重，纹饰精致，富于变化。这件精美的铜豆是1959年华侨博物院开馆时，三位旅居柬埔寨华侨赠送的礼品。

（林翠茹）

188. 印度尼西亚峇里木雕神像

近代

底宽15.5、高43.8厘米

木质。雕像造型为印度教保护神毗湿奴与他的坐骑金翅鸟伽鲁达。毗湿奴是印度教保护之神，为三大主神之一，原是吠陀太阳神之一，在印度教时代升格为维持宇宙秩序的主神，他的坐骑为大鹏金翅鸟。毗湿奴头戴王冠，身戴宝石、花环等饰物，左手上举拿法螺，右手施无畏印。坐骑金翅鸟伽鲁达半蹲立于一树桩上，用朝上的手掌支撑他的双脚，头部前倾，显示出承载着很大的重量。金翅鸟羽毛纹路清晰，栩栩如生，翅膀张开向上，尾部亦向上挺立。金翅鸟除翅膀与鸟喙外形态如人。菱形莲花底座上托两只匍匐卧立的大象和神树。整件作品表现手法细腻，构思奇巧，雕工精细。

（林翠茹）

189. 印度尼西亚苏门答腊古刀

近代

通长69、刀长分别为65.5、51.3厘米

印度尼西亚当地民族所使用。铁合金质。长刀体狭长，中部略宽，棱脊部镂雕纹饰，脊部末端下斜，柄短，刀刃平而锋利。一面饰圆圈纹。柄部缠绕藤线，柄首由象牙雕刻而成，透雕鳄鱼、人物、花草等。短刀直刃，刃部锋利，无脊饰。末端安装长木柄，刀柄两端饰以象牙制品，柄首为象牙雕刻的动物形象。木质大刀鞘由上下两片合成，外局部缠藤丝，大刀鞘雕刻双龙及花卉图案，两端由藤丝缠绕嵌饰象牙雕刻品。小刀鞘为树藤皮制成，刀鞘外侧穿一条由树藤编织成的系带，尾端系一象牙带扣。大小两件刀鞘由藤丝紧紧地缠绕在一起，便于佩系。

（林翠茹）

190. 印度尼西亚短曲剑

近代

剑长45.2、通长49厘米

印度尼西亚当地民族所使用。铁合金质。剑身弯曲如蛇状，脊不明显，双曲刃，尖锋，宽格，圆茎插入柄内。剑柄由象牙精雕而成，通体镂雕花卉纹饰，雕工精湛。剑鞘内部为木质。船形鞘口，鞘身包铜，一面饰满花卉、蛇、花鸟等纹饰，一面素净。剑入鞘中，显得十分精致华美，颇具东南亚民族特色。这种短剑，印尼语里称为"格里斯"，当地人外出或参加庆典时常佩带，相信可辟邪驱秽。最早的格里斯剑约铸于14世纪60年代，后来通过爪哇岛传播到马来半岛和菲律宾群岛南部等地区。

（林翠茹）

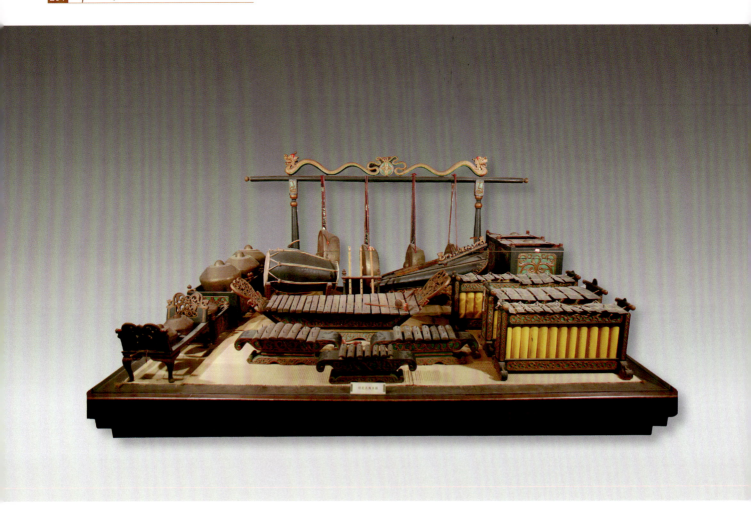

191. 印度尼西亚甘美兰（Gamelan）乐器

当代

大者通长165、通高47厘米

小者通高2.5、脐高2.1、面径15.5厘米

铜、木等质。"甘美兰"是爪哇语，既指以金
属敲击乐器为主体的合奏音乐，同时也指演奏
这种音乐的乐队。甘美兰乐队及其音乐大约在
15世纪时形成。传统的甘美兰乐队主要由铜
片琴、铜排琴、罐锣、编锣、大悬锣等青铜打
击乐器组成，还包括弦乐器热巴布、管乐器苏
灵笛和皮膜乐器肯当鼓等。这一组甘美兰乐器
基本上包括了传统甘美兰乐队的主要乐器。印
尼华侨捐赠。

（李丽）

192. 马来亚短佩剑

近代

通长43.5、剑长42.5厘米（图右）

马来亚当地民族所使用。铁合金质。剑身弯曲如蛇状，中微起脊，两边有刃，尖锋，宽格，具两条深凹槽，圆茎插入柄内。猴形剑柄由象牙雕刻而成，雕工精细，形态生动。剑鞘木质，素面鞘口呈船形，鞘身上部包银，饰绞绳纹及缠枝花卉纹，下部外缠藤，剑鞘尾端合金包裹，饰蕉叶纹。鞘身两侧各焊接带状穿耳，以供佩系。剑入鞘后与剑身显得浑然一体，艺术风格别致。

通长37、剑长35厘米（图左）

马来亚当地民族所使用。剑身铁合金质，弯曲如蛇状，中起脊，两边有刃，尖锋，宽格，脊上具两道血槽，圆茎插入柄内，剑身近格处饰一蹲立狮兽。猴形木剑柄，茎与柄连接处包铜，镶嵌红宝石。剑鞘木质，素面，鞘口呈船形，与鞘身由榫卯相联接。剑与鞘均不作华丽装饰，显得朴素而不失威严。

（林翠茹）

193. 泰国铜佛盘

近代

口径23.7、底径13.4厘米

陈设品。铜质。盘由联珠纹分隔为内外两区，内圈中心为佛教人物与坐骑形象，周边饰缠枝花卉纹。外区开光饰神鸟、果实图案。整件器物做工精细，宗教色彩浓厚。

（林翠茹）

194. 泰国佛龛

当代

长76.2、宽61、通高109.4厘米

铜、木等质。这座佛龛由8张大小不一的红底雕花漆金供桌组成，上置佛像，
及镫台、水盂、幢、瓶、盘等供养佛像的铜制器具8件。泰国蚁美厚捐赠。

（李丽）

195. 日本九谷款彩绘描金大立像观音

日本江户末期（19世纪中叶）
宽30、厚23、高94.3厘米

瓷器。观音为立姿，通身彩绘描金，柳月眉，双目平视前方，直鼻，小口。面庞丰腴，额头正中一吉祥痣，容颜透出秀丽端庄、慈善的神情。高髻盘发，头戴花冠。敞露的颈项佩璎珞，着低胸胸衣，外披大衣，衣褶线条流畅自然。双手持经卷于胸前，跣足。衣饰彩绘描金，绘团龙、宝珠、海水等图案。瓷质细腻，着彩艳丽富贵。底落"九谷"款。九谷瓷器是一个彩瓷群体的代称，发祥于日本九谷，"九谷烧"也因此得名。九谷瓷窑是日本较大的产瓷中心，17世纪中期开始生产各种瓷器。九谷烧瓷器善于采用金、银等华贵的装饰材料进行装饰或绘画，艺术风格高雅、技艺独特。

（林翠茹）

196. 日本 "深川制" 款彩绘描金开光婴戏图大瓶

日本明治初期(19世纪70年代)
口径37.2、底径27.3、高91.5厘米

瓷器。喇叭口，长颈，溜肩，腹下渐收至底部外撇，圈足。釉面上用彩料绘画进行装饰，通体纹样多达十组以上，彩料品种多，色调丰富，纹样稍凸出，画面光亮度保持完好。器沿内部与外部施类同的如意云纹。器表多处开光，内饰满瑞云、海水、翔鹤、松树、蛟龙、婴孩扑蝶、梅花、麒麟等图案。漆金为主色调，显得富丽堂皇。底落 "香兰社深川制" 红色款，并画押兰花款。有田烧是日本西松浦郡有田町为中心的诸窑的总称，又称为有田系。香兰社属有田系，1780年由深川荣左卫门等建立，所烧瓷款为画押的兰花，东北地区称其为 "香兰瓷"。

（林翠茹）

197. 日本黄地彩凤凰七宝烧壶

日本大正时期（1912～1926年）

口径16.5、底径18、通高36.5厘米

合金胎。敞口，短颈，丰肩，鼓腹，平底，底釉为明黄色。图案描绘一只展翅翱翔回首仰望的凤凰，神采飞扬，仪态优美，颜色明灿华丽。凤凰飞来起舞，意喻吉祥。日本七宝烧，以明灿莹润的釉色和精致美妙的图案称著于世界。七宝烧是日语中对金属珐琅器的称谓，日本人认为这种工艺品非常美丽华贵，恰如佛经中常提到的七种珍宝，故以"七宝"名之，表达珍视惜爱之情。其制作方法与我国的景泰蓝相似，分设计、制胎、描图、制丝、镶丝、填釉和焙烧(这两项需反复数次)、磨光、口足装箍等步骤。整个制作过程需三十多道工序，其中主要工序有七道：制胎、掐丝、烧焊、点釉、烧釉、打磨、镀光。与中国景泰蓝纹样装饰习惯相比，日本七宝烧图纹装饰大多在器物正面，主题突出，底子一般不再饰繁缛的细纹。七宝烧在日本传统工艺品中具有很高的地位，日本人一直将其作为馈赠亲朋好友的上选礼品。

（林翠茹）

198. 日本红地菊花七宝烧香熏

日本大正时期（1912～1926年）

口径14.2、底径11、通高19.1厘米

铜胎。子母口，短颈，圆腹，矮圈足。带盖，盖和身严丝合缝，盖钮呈宝珠形，盖身镂雕八个花瓣。器身红色珍珠地，饰万寿菊和雏菊花纹，花蕊娇翠带黄，花朵红中含粉，绿叶翠色欲滴，花枝嵌苞挺韧。笔触生动，设色明丽，给人以高贵雅致、自然和谐的感觉。

（林翠茹）

199. 日本铜绿毛龟山子

1936年
宽36、厚19、通高27厘米

陈设品。铜质，胎体薄，质轻，色泽好。整件作品由两只绿毛龟和一座山子组成。山子有两座小山丘，各有一只绿毛铜龟作攀爬状，身上浓密的丝状毛发向后垂下，似刚从水里爬上山子休憩。铜龟形象惟妙惟肖，憨态可掬。山子饰有灵芝仙草，并多处鎏金点缀苔藓。铜的表面用药水处理过，既可防腐蚀，又显现出山子的青绿颜色，接近于自然的山色。铜龟与山子可分离，龟的腹部铸有插销，可直接插入山子体表的孔洞中而连结在一起。山子中部阴刻铭文："赠大森清腾先生 哈尔滨日日新闻社社员一同 昭和十一年十二月二十日"。《哈尔滨日日新闻》1922年创办于哈尔滨，是发行在北满地区最有影响的一种日文报纸，为日本在东北推行殖民地文化，加强思想文化专制统治的工具。此件器物构思巧妙，布局井然，显示出高超的制作工艺，极具观赏价值。

（林翠茹）

200. 奥地利蓝釉堆塑花卉瓶

近代

口径14、底径12.1、高45厘米

陈设品。陶质，低温釉。敞口，细长颈，颈中部有一道圆凸棱，鼓腹，浅圈足。用嫩枝做把手。底部有一组阿拉伯数字"4458　2"，为该器物的厂家标识。通体蓝釉为底，器身堆贴花卉纹饰，花朵施以粉红釉及浅蓝釉，枝叶则施绿釉，红花绿叶在深蓝地的衬托下显得娇翠欲滴，栩栩如生。整体造型挺拔高挑，给人宁静高贵的感觉。

（林翠茹）

201. 奥地利浅浮雕风景挂盘

近代

通长40、宽35.4厘米

陈设品。陶质,低温釉。敞口,圈足,器底施白釉,足底露胎。口沿施蓝釉,器内浅浮雕乡村风景图案。在乡村城堡里房屋塔楼高低错落有致,树木繁郁,远处群山隐隐,城堡外流水潺潺,一位姑娘手提篮子,从半开启的城堡大门走出来,欲提水或洗衣,让人留下无限遐思。挂盘边沿水波纹样丝带缠绕,上部为一盛开的花朵,左右两侧则是两朵含苞欲放的花蕾。整件器物将一幅祥和宁静的欧洲乡村风景展现在世人面前,为一件难得的室内装饰品。

(林翠茹)

202. 捷克车刻玻璃罐

近代

口径13、底径15、高27.3厘米

小口，器形似圆球，平底。器体外表用车刻方法磨出不同角度的刻面，粗细不同的刻痕，纵横交错，曲直相交，形成花卉及几何形图案，疏密有致地布满玻璃器的表面。整个玻璃罐精雕细琢，繁密而不纷乱，精致而不纤弱，璀璨晶莹的折光将玻璃的材质表现得淋漓尽致。捷克的玻璃工艺在进入19世纪后得到极为迅速的发展，它采用人工绘制花纹、图案，结合捷克独有的彩印、彩绘、烫金、车刻、浮雕、喷砂、蒙砂、镂空、镶嵌等综合工艺，使其制品具有美轮美奂、造型大方、装饰典雅等特征。

（林翠茹）

203. 德国彩绘描金开光风景瓷钟座

近代

顶部宽60、厚27、底座宽56、厚29.8、通高198厘米

钟座。器身略呈倒梯字形，白瓷为胎，上部中圆雕一尊自由奔放女神，两侧下方各有一位姿态各异的小天使，三者皆衣褶简练自然洒脱，形神兼备。人物背后为花卉图案。器身下部为开光田园风景图。底座包铜，正面有一开光，内绘盛开的花朵。整件器物的边线及装饰纹样均描金边，显得高大华丽，繁而不缛。

（林翠茹）

204. 德国素胎瓷塑孩童像

近代
通长42、通高22.6厘米

陈设品。瓷质素胎，胎质白莹坚致细腻。瓷塑一男一女两个孩童垫着靠枕身着睡衣，亲密无间地靠在长椅上，男童偎依在女童身边。两幼童悠然甜睡，神情安然自得，嘴角露出甜甜的微笑，一派稚气，惹人怜爱。此件瓷塑摆设物品塑造得极为传神，塑像身材比例适度，神态生动传神，衣纹舒展自然，主体部分与铜质花边扶手长椅底座的组合协调，不愧为一件瓷塑珍品。

（林翠茹）

205. 英国蓝地堆塑人物提梁罐

近代

口径13.8、通高16.8厘米

炻器。蓝釉为地，圆柱体形，圆口平盖。铜质口沿紧密地箍在器体口沿上，平底，弧形提梁，圆饼形盖，有钮。器表以蓝色底衬托白色的浅浮雕图像，描绘希腊神话丰饶与欢乐的节庆场景。整体造型简洁，格调高雅清新，立体效果令人惊叹。此件器物属于英国韦奇伍德陶瓷公司生产的碧玉炻器系列。碧玉炻器是一种质地密实的白色石材，做成较薄的作品经高温窑烧，材质变成如同瓷器般通透。作为韦奇伍德陶瓷中最令人赞赏的材质，碧玉炻器在公元1775年的成功研发，被誉为继中国发明瓷器之后最重要、最杰出的制瓷技术。

（林翠茹）

206. 法国蓝地开光彩绘人物风景双耳瓶

近代

口径15.7、通高42厘米

陈设品。瓷胎，花瓣形铜包口，口沿外撇，圆肩，上鼓腹，下由包铜连接高圈足。圈足下承铜质底座。通体深蓝釉为底，釉质光亮莹润。肩部两侧有铜铸小天使人形耳，小天使金发双翅，身着羽状衣裳，十分逗人喜爱。器腹两面主体纹饰为金色花草纹开光，一面绘风景图案，水草、飞鸟、丛林掩映的湖边别墅，显现出一派宁静的湖光山色。另一面绘人物风景图。圈足、底座均饰以各类金色花草纹样。铜质螺丝钉接合铜质部件与瓷质器身。

（林翠茹）

**207. 俄罗斯乌拉山矿石雕塑
台壶**

近代

通高52厘米

陈设品。乌拉山矿石制成,
通体深灰色,实心,质重。
器物上部为天球状,长颈,
球腹,亚腰,圈足。圆盖,
上部置花瓣形钮。腹部饰花
卉图案,足部饰花瓣纹。高
台座,台座顶部与底部同为
菱形,中部饰四个长把手。
整体器形厚重庄严,颇具震
撼力。

(林翠茹)

侨史文物

208. "陈嘉庚"剑

1940年
剑长100厘米

陈嘉庚遗物。由精钢剑身和木质剑鞘组成。1940年，南洋华侨筹赈祖国难民总会主席陈嘉庚组织南洋华侨回国慰劳视察团回国慰问抗日军民。9月23日抵浙江龙泉，当地各界敬赠陈嘉庚一把龙泉剑。剑由精钢制成，剑身有错铜北斗七星图案，下书"披荆斩棘为国增光"及"龙泉民字号制"。背面为"陈嘉庚惠存 浙江龙泉各界敬赠 廿九年九月"字样。剑身在"文革"时期受到损坏，后补铜。剑鞘两端铜饰有青天白日图案。

（颜如璇）

209. 新加坡怡和轩俱乐部红木螺钿家具

现代

座椅2张、长100、宽56、高54厘米

几桌2张、长42.5、宽31、高81厘米

红木质，几桌面板为大理石。座椅素净，几桌镶嵌螺钿缠枝花卉纹及菱形纹。
整体造型简练古朴。新加坡怡和轩俱乐部成立于1895年。陈嘉庚1923年当选为
该俱乐部总理（后改称主席），此后至1947年，他多次担任该职。在此期间，
怡和轩成为陈嘉庚吸引各帮华人领袖、团结广大侨胞、组织华侨运动的处所。
自华侨抗日救国团体星华筹赈会和南侨总会成立，选陈嘉庚为主席并设会址于
此后，陈嘉庚即居住于此，领导南洋华侨开展各项活动，直至1950年回国定
居，前后13年。这套当年陈嘉庚先生使用过的家具完好保存下来，1999年由怡
和轩俱乐部捐赠。

（李丽）

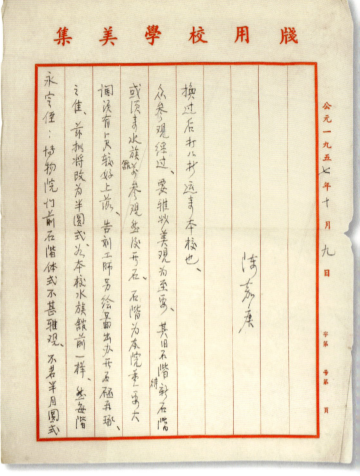

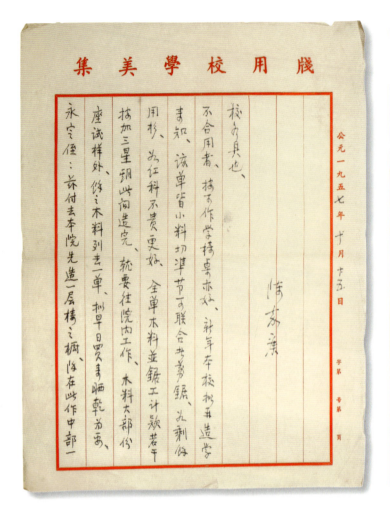

210. 陈嘉庚手稿

1957年

长27.5、宽20厘米

纸质。1956年陈嘉庚倡建华侨博物院。他对于博物馆的建设有很多科学、独到
的见解。在华侨博物院的筹建过程中，从馆舍的规划设计、建筑风格、选材用
料、规格尺寸、陈列橱柜的样式到展品的征集收购、陈列布展等等事必亲躬。
此为他写给华侨博物院筹建负责人陈永定的信函，就博物院主楼台阶的造型以
及展柜的制作等作了具体的指导。陈永定捐赠。

(颜如璇)

211. 陈嘉庚有限公司制造厂广告

纵45.5、横60厘米

纸质，彩色印刷。陈嘉庚有限公司以经营橡胶业为主，兼营食品、肥皂、制药、化妆品等多种行业。至1925年陈嘉庚公司分行遍布五大洲的四十个国家和地区，公司员工3万余人，总资产叻币1200万元，是当时新加坡最大的企业之一。

此广告中间图案为陈嘉庚有限公司的"钟"牌商标，钟的图形内有一"中"字，寓意祖国永在心中，爱国警钟长鸣。商标周围为该公司所经营的种类繁多的产品，各种橡胶成品，如胶鞋、汽车胎、雨衣、胶布箱等；以及黄梨罐头、糖果、饼干、肥皂、玩具、胶花、化妆品、药品等。广告上下方分别印有陈嘉庚有限公司制造厂的中英文字样。2001年陈少斌捐赠。

（杨阳）

212. 亚非会议纪念方巾

长90.5、宽86.5厘米

丝绸质。亚非会议(ASIA-AFRICA CONFERENCE)，又称万隆会议，1955年4月18日至24日在印度尼西亚万隆举行。会议通过了《亚非会议最后公报》，提出了处理国际关系的十项原则。这十项原则体现了亚非人民为反帝反殖、争取民族独立、维护世界和平而团结合作、共同斗争的崇高思想和愿望，被称之为万隆精神。其中和平共处五项原则的主要内容，被认为是处理国与国之间关系的准则，成为国际上公认的处理国家关系的基础。周恩来总理在会上表示了中国代表团求同存异的立场，为会议取得圆满成功作出了重要的贡献。该亚非会议纪念方巾是1957年10月13日印尼华侨甘水凤赠送给陈嘉庚先生留念的。

（杨阳）

213. 新政协筹备会常务委员合影浮雕

1959年

高251、宽290厘米

青草石及花岗岩组成。此浮雕嵌于华侨博物院展厅二楼前厅正面墙壁上，为一组由白色花岗岩石和青草石相间的底座，正中为一幅人物群雕的青草石浮雕作品。其原委是陈嘉庚先生受毛泽东主席之邀，回国参加筹备新政协，1949年9月17日，人民政协筹委会全体常务委员在北京勤政殿前合影，陈嘉庚先生将这一重大历史时刻铭刻在石，将全体合影者以人物浮雕的形式依次列出：一排左起，谭平山、朱德、张奚若、马寅初、陈叔通、毛主席、沈钧儒、李济深、陈嘉庚、沈雁冰、张澜；二排左起，周恩来、林伯渠、章伯钧、黄炎培、蔡畅、马叙伦、郭沫若、李立三、蔡廷锴、乌兰夫。并在左侧镌刻如下文字："予以祖国解放胜利空前，国际地位因而提高，海外华侨对人民政府和毛主席均表衷心拥戴，筹备会负组织新政协的重责，在扩大范围增广名额上，方面既要偏周，人选必须审慎，庶可配合政府，相得益彰。故当时建议如此，今加铭刻，永志弗忘。陈嘉庚题。"此组浮雕内容完整，人物形象俱佳，具有重大史料价值和艺术价值。

（钟志诚）

214. 何香凝牡丹图

纸本 设色 纵113.5、横32.5厘米

何香凝（1878～1972年）笔名双清楼主。与丈夫廖仲恺赴日留
学，在女子美术大学学习日本画，于1911年毕业。后追随孙中山
参加辛亥革命。辛亥革命后在广州受岭南派影响，作水墨山水画。
20年代末常画寒冬不谢的梅菊和百岁长青的劲松。在上海、香港举
办画展。1929年去法国巴黎。"九一八"事变后回国，投身抗日救
亡运动，与柳亚子、经颐渊、陈树人等组成"寒之友社"，举办义
卖展览，慰问前线抗日将士。1938年以后，支持宋庆龄建立的中
国保卫大同盟，向海外华侨宣传抗战，并为八路军、新四军募捐筹
款。这时期所作多为松梅菊，偶作山水，大都赠送或出售给华侨。
1949年以后历任中央人民政府委员、华侨事务委员会主任、中国美
术家协会主席等职务。作为中国革命的元老级人物，何香凝一直没
有放下画笔，早期作品有浓厚的日本画风格，她以梅花和老虎为题
材的绘画作品享誉海内外。她擅作花鸟，笔致圆浑细腻，色彩古艳
雅逸，意态生动。1961年陈嘉庚病重，其长子陈济民从新加坡来北
京探视，期间何香凝作此画赠予陈济民夫妇。2001年陈立人捐赠。

（颜如璇）

215. 三保大人刀

明

一件长32、最宽处3.7厘米；另一件长29.7、最宽处3.6厘米

铁质。明代郑和曾七次下西洋，在东南亚留下了中国文化的清晰印记。这两把刀
在印尼发现，相传是郑和船队到爪哇的遗留物。其中一把刀较长（32厘米），刀
身一面有5个涡纹，铭文"三保大人"，另一面有5个涡纹，铭文"三保公"。另
一把刀略短（29.7厘米），刀身一面为一条龙，铭文"三保公"，另一面为一位
文官人像，铭文"三保大人"。20世纪50年代印尼华侨蔡焕三捐赠。

（潘少红）

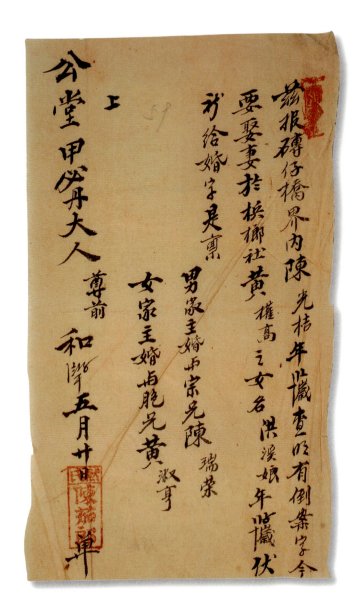

216. 唐人成婚存案簿

1790年

长23、宽14厘米

纸质。以婚姻关系组成的家庭是唐人社会构成的基本单位，是唐人社会得以繁衍持续的重要因素。吧城（今印尼雅加达）唐人成婚注册采用中西历法记录方式，为史籍所首见。

吧城唐人结婚登记，要到"公馆"在成婚注册存案簿上签字画押，然后才发给结婚证书，因而成婚注册存案簿成为唐人结婚最完整的历史记载。此件"唐人成婚存案簿" 2004年由荷兰莱顿大学包乐史教授捐赠。

唐人，海外中国人的古称，源于盛唐的威名。"唐人"一词屡见于吧城华人公馆档案的记载。

（陈丽萍）

217. 吧城唐人结婚申报书

1865年

长24.4、宽10厘米

纸质。吧城唐人采用结婚登记制度，始于1717年，是海外中国人最早采用结婚登记的。这一制度说明了荷兰殖民当局统治后期吧城华人的婚姻状况，反映了当时吧城华人社会内部与外部的相互关系。

结婚申报书由吧城各区书记代书呈报，或由男女双方亲朋识字者申报。通过结婚申报书，报上男女双方姓名、年龄及双方家长姓名，经审查许可后，发给结婚证书。该申报书2004年由荷兰莱顿大学包乐史教授捐赠。

（陈丽萍）

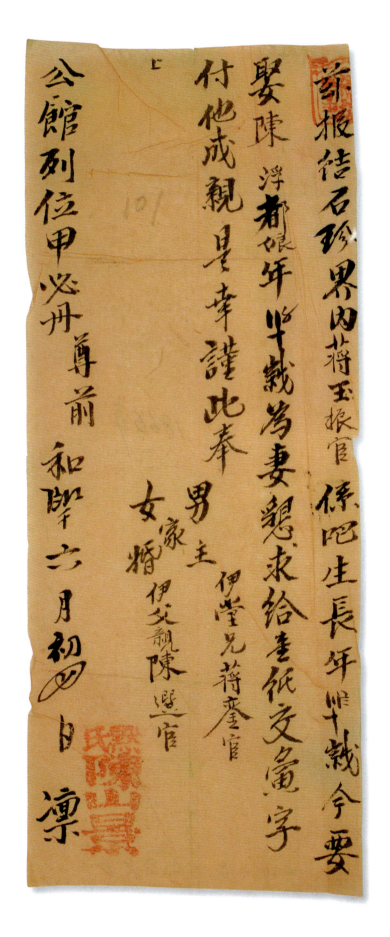

218. 吧国公堂准葬通知书

1860～1870年代

长15.2、宽13.5厘米

纸质。吧国公堂是荷兰殖民当局对吧城的华人实行"以华治华、分而治之"的殖民统治策略的产物。"吧国公堂"的设立始于1742年，当时新任的吧城华人甲必丹林明光向荷印殖民当局请建甲必丹府，名为"吧国公堂"（俗称"公馆"）。此通知书2004年由荷兰莱顿大学包乐史教授捐赠。

甲必丹是葡萄牙文Kapitan、西班牙文Capitan、荷兰文Kapitein、英文Captain的音译。它是葡萄牙、西班牙、荷兰及英国殖民当局在马来亚、菲律宾、新加坡和印尼授予当地华人首领的官衔。甲必丹制度大抵滥觞于葡萄牙人之统治马六甲，16世纪初，葡萄牙政府在此地设置了第一个华人甲必丹。此后，荷兰人统治爪哇，西班牙人统治菲律宾，以及英国人统治马来亚初期，都沿袭了甲必丹制度。在殖民政府与华人社区间，甲必丹担负了上情下达的任务。直至20世纪初，甲必丹制度逐渐消失。

（陈丽萍）

219. 商办广东粤汉铁路有限总公司 第一期收股执照

清光绪三十二年（1906年）

纵32.2、横14厘米

纸质。雕版印刷。这是一张光绪三十二年（1906年）商办广东粤汉铁路有限总公司第一期记名式股票预付款收款执照，采用碑式边框设计，标题名称采用旧式从右往左横书，其余文字竖排。执照两边有骑缝章，以起到防伪作用。清代的股票多采用分期付款的方式，先给预付款者一张收股执照或股据，待日后股款交足后换发正式股票。1897年，湖南、湖北、广东三省绅商倡议集股修筑粤汉铁路(广州至武昌)，在其后发行的股票章程中言明"不收外国人股份"，并且不得将股票转售及抵押与外国人。当时不少华侨踊跃认购股票。但之后修路权被美国窃取。随后的几年内，保路运动风起云涌，成为辛亥革命之前导。粤汉铁路从1898年动工，直到1936年才全线通车，全长1096公里，前后经历36年，现为京广铁路南段。这张由南洋回归的股票收股执照，见证了我国铁路发展历史。2004年新加坡陈来华先生捐赠。

（林翠茹）

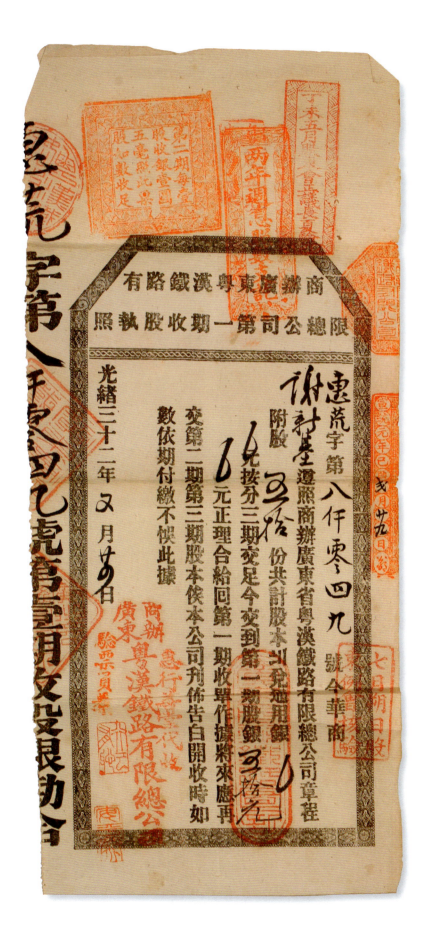

220. 侨批

长15、宽7厘米

纸质。侨批即早期的侨汇（批是闽南语 "信"的意思）。19世纪末，由于金融邮 政机构尚未建立或极不完善，海外侨胞捎 回家乡赡养亲属的款项和信息，多由"水 客"和海内外的侨批馆递送。这种海外侨 胞通过民间渠道及后来的金融邮政机构寄 回国内连带家书或简单附言的汇款凭证称 为侨批。1999年王连茂捐赠。

（颜如璇）

221. 陈茉莉墓志铭

长31.4、宽31.4、厚1.7厘米

石质。陈茉莉，同安县安仁里浦边乡人，缅甸华侨富商杜子山夫人。一生慈
爱柔顺、简朴自持，济人利物，协助其夫救灾赈饥、修桥筑路、造士兴学。
1917年逝世，享年66岁。此为陈茉莉墓志铭。1995年许火明捐赠。

（颜如璇）

222. 雕花髹漆旧式木床

20世纪20年代

通高285、长281、宽230厘米

俗称架子床。整床雕梁画柱、檐牙高琢、金碧辉煌。　床有20足，床顶至底足有30多层雕刻装饰，用镂雕、透雕、浮雕、线雕等技法，雕琢出各种花卉、鸟禽、人物和几何形图案，图案施以红漆、绿漆、紫漆等并描金。每层造型错落有致，自然连接，无一雷同。人物生动，花鸟艳丽。床四周装饰造型各异的镜子，床角装饰两个对称梳妆盒，床底四周装有抽屉。整体色彩丰富，和谐绮丽，寓意吉祥，高贵典雅，是一件颇具闽南特色的艺术珍品。菲律宾华侨蔡维周、杨淑芳伉俪1996年捐赠。

（赵宏伟）

223. 华侨登记证

1939年
长18、宽14.5厘米

纸质。1935年12月国民政府公布《华侨登记规则》，规定所有居留、出国或
归国的侨民都须登记，登记事务由外交部驻外领事馆负责办理，登记后，由
外交部颁发登记证。汤耀荣，槟榔屿华侨，1939年9月响应南洋华侨筹赈祖国
难民总会主席陈嘉庚的号召，参加南洋华侨机工回国服务团，投身于抗日运
输线滇缅公路进行救国服务工作。该证为1939年8月中华民国驻槟榔屿领事馆
发给汤耀荣的华侨登记证。汤晓梅捐赠。

（潘少红）

224. 人民出国许可证

1946年

长19.8、宽12.8厘米

纸质，毛笔填写。民国时期，根据规定，人民出国应先呈请侨务委员会各侨务处、局或受托机关核发出国许可证，然后凭证向外交部或委托机关申请发给护照，到达居留地后，应将出国许可证及护照呈报当地使领馆登记。该证件为1946年中华民国侨务委员会汕头侨务局发给何快娘的前往新加坡的人民出国许可证。2004年新加坡陈来华先生捐赠。

（潘少红）

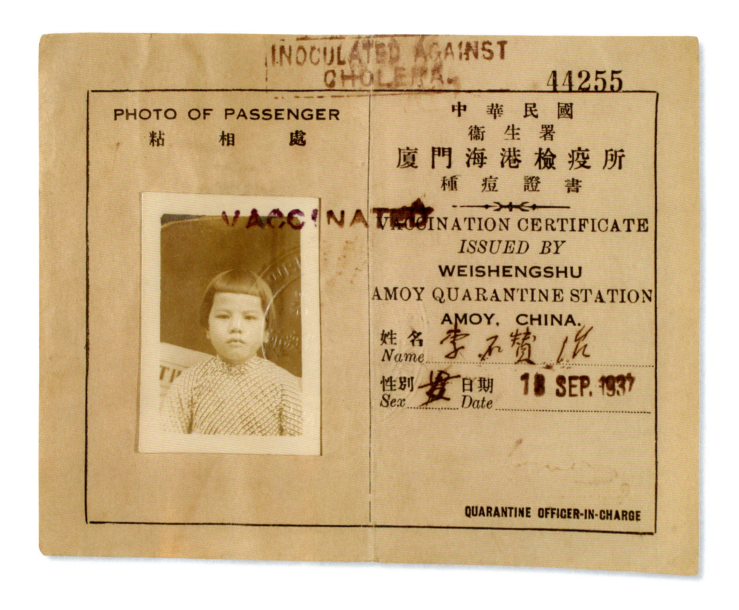

225. 李礦治种痘证书

1937年

长13.9、宽10.8厘米

纸质。1930年厦门市成立海港检疫所，规定由厦门出境者，必须经过检疫所
的医务人员种痘并发给种痘证书。该证为1937年中华民国卫生署厦门海港检
疫所发给李礦治的已接种霍乱疫苗的种痘证书。2004年陈来华先生捐赠。

（潘少红）

226. 华工脱身凭札及矿工证

华工脱身凭札

1939年

长20.1、宽14.2厘米

纸质。刘辉，广东人，1911年出生，1937年到印尼邦加岛锡矿场充当契约华工，1939年契约期满。该证是刘辉在邦加岛锡矿场工作二年期满后获得的脱身凭札，证件上贴有刘辉照片，填写内容包括其基本资料及到达邦加岛的时间等，印刷文字为荷兰文和中文。刘辉捐赠。

华工刘辉的矿工证

1948年

长26.3、宽19.2厘米

纸质。华工刘辉在印尼邦加岛锡矿场工作所使用的矿工证，记载了从1948年5月1日到1960年5月1日期间的日工资情况等，印刷文字为印尼文，钢笔填写。刘辉捐赠。

（潘少红）

227. 日据时期华侨罗德祥的出勤簿

1944年

长16、宽12.5厘米

纸质。1942年2月日本侵略军攻占新加坡，并进行为期三年多的占领。为了掠夺战略资源，维持侵略战争机器的运转，日本侵略军在占领区推行所谓"勤劳奉仕"运动，强抓、胁迫劳动力承担劳务苦役，如开矿、垦荒、建筑码头和机场以及军用设施等。该证件为1944年日军冈第15813部队发给华侨罗德祥的出勤簿。2001年新加坡韩山元捐赠。

（潘少红）

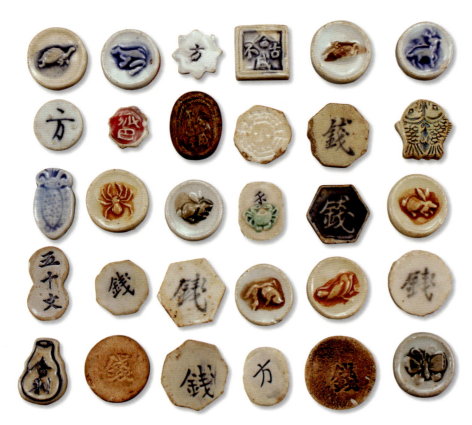

228. 华工工钱代用币

近现代

直径1.6～2.7厘米

瓷质。华工出国后，许多种植园主、矿场主在支付华工工钱时部分或全部以票券或代用币来支付，这些代用币只可在本公司开设的店铺、赌场里使用，从而加强对华工的控制。不同公司的代用币形式有所不同，有圆形、方形、八角形、葫芦形等。代用币正面印有如"长发"、"太兴"、"美利公司"、"广顺定记"、"德盛公司"等字样，或者印有动物图案如龟、蝴蝶、双鱼等；另一面印有文字如"方"、"五十文"、"钱"、"宝"、"盛"等，或者印有动物图案。这些瓷质代用币2004年由新加坡华人陈来华捐赠。

（潘少红）

229. "德顺公司"币
19世纪
直径3.2、内孔直径0.5厘米

铜质。外圆内方，与传统钱币相似。正面饰楷书"德顺公司"四字并在"顺"字两旁饰有珠花图案各一。2002年由新加坡华人陈来华先生捐赠。

"公司"曾是当时南洋华侨的一种自治性组织。在18和19世纪中，中国移民特别是来自中国南方的客家移民，参与到荷属东印度的邦加岛锡矿及婆罗洲西部沿海金矿的开采活动中。其中的一些公司包括德顺公司，在19 世纪基于传统的中国钱币样式，发行了该公司的锡质货币。

（陈丽萍）

230. 建源公司印章
印面2.8×1.9、高5.7厘米

象牙质。1863年，印尼华侨黄志信（1835～1900年）创办建源栈，经营当地土特产等；1893年，其子黄仲涵（1866～1924年）将其扩展为建源贸易有限公司，开辟甘蔗种植园，拥有当时世界一流的制糖企业，并创办黄仲涵银行等，业务长足发展，成为蜚声国际的大型华人企业集团。黄仲涵被誉为"爪哇糖王"。此为建源公司三宝垄分公司印章，上有地名三宝垄的印尼文字样和青天白日旗图案装饰。 1996年黄允尾捐赠。

（颜如璇）

231. 林推迁印章
20世纪初
长4.1、宽2.9、高3.5厘米

木质。印章为椭圆形，分为外区与内区，外区为上下两行英文"LIM CHWEE CHIAN OIL CO"、"TRENGGANU"，之间以两朵小花卉间隔，外区内外饰两圈凸弦文；内区印文为阳文汉字三行"丁嘉奴 林推迁 油局"。

林推迁（1864～1923年），新加坡怡和轩俱乐部第一任总理（后改称"主席"），厦门海沧人，靠渡船业勒俭发家，1914～1922年任怡和轩俱乐部总理，1923年被选为马来亚中华总商会总理。林推迁一生热心于社会公益事业，出钱出力创办许多医院和华侨学校，在华人中享有很高声誉。此印章2004年由新加坡华人陈来华先生捐赠。

（陈丽萍）

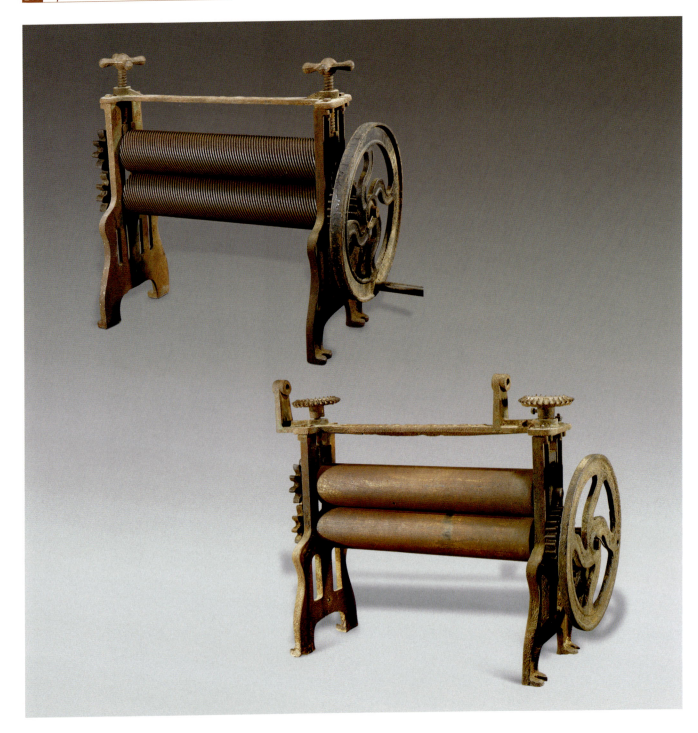

232. 绞胶机

条纹滚筒绞胶机长82、宽37.5、高60厘米
平面滚筒绞胶机长83、宽37、高64厘米

铁质。橡胶是用途广泛的经济作物，原产于巴西，华侨使其在马来亚落户、发展，产量一度居世界首位。手摇绞胶机是对刚由胶汁凝固成的胶片进行初加工的机器，先将有厚度的胶块用平面滚筒的绞胶机碾成薄片，再用条纹滚筒的绞胶机将薄胶片压出条纹，避免胶片黏结。平面滚筒绞胶机上方标有机器产地"笨珍森发"，即今马来西亚新山市笨珍。条纹滚筒绞胶机上方所标产地"石叻庆和制造"，石叻即今新加坡。1996年杨亚生捐赠。

（颜如璇）

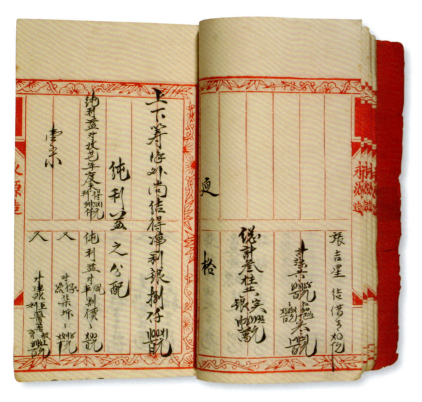

233. 新加坡森林公司账簿

长19、宽12.5厘米

纸质。森林公司是新加坡华人工商企业家、社团领袖孙炳炎（1912～2002年）和兄弟于1932年在新加坡创办的。从经营建筑材料起步，逐渐发展为森林集团，涉足矿务、塑胶、证券、房地产等领域，1987年森林集团总资产达4.6亿元以上。此为森林公司1935年～1940年营业账簿，反映了一个时期华侨企业的经营情况。1994年孙炳炎捐赠。

（颜如璇）

234. 新加坡圣约翰救伤队制服

六件。圣约翰救护机构是一个起源于英国的国际性慈善救援组织，秉承不分种族、阶级、宗教，竭诚为人类服务的精神；该机构成立于1877年，在英国多个殖民地都设有分部；机构下设圣约翰救伤队负责急救工作。在新加坡有许多华人志愿投身慈善救援活动，此为新加坡华人工商企业家、社团领袖孙炳炎任新加坡圣约翰救伤队东区主席时的制服。1994年孙炳炎捐赠。

（颜如璇）

235. 清乾隆十年铜钟

清乾隆十年（1745年）

口径34.6、钮高9、通高48厘米

铜钟顶为拱形钮，肩部饰变形莲瓣纹，中部一周弦纹把钟身分为上下两部分，上下两层各有四个长方形开光，边缘突起，下部铭文分两组，内容为："乾隆十年四月十一日众姓弟子永远供奉"、"千华洞佛钟一口吉立"，口部为葵口。该钟原藏于新加坡天福宫，2004年新加坡福建会馆捐赠。天福宫是新加坡闽籍华侨于1839年创建的奉祀海神妈祖的庙宇。

（潘少红）

236. 清咸丰东印度公司铜铃

清咸丰

口径36.3、钮高7.5、通高38厘米

铜铃顶有钮，铃身表面饰有弦纹、花卉纹，铸有铭文，上半部一周为外文，
下部有"VOC"字样，VOC为荷兰东印度公司缩写，其余文字模糊不清，依稀可
辨认"弟子李珍"、"咸丰"等字样，铜铃口部外撇，呈喇叭状，有铃舌。
该钟原藏于新加坡天福宫，2004年新加坡福建会馆捐赠。

（潘少红）

237. 清光绪丙午年"合境平安"铜钟

清光绪丙午年（1906年）

口径46.2、钮高11、通高62厘米

钟钮为蒲牢，双首共身，钮下有乳钉，肩部饰柿蒂纹，钟身上部饰弦纹，间有漩涡纹；铭文内容为"光绪丙午"、"荔月吉立"、"风调雨顺"、"国泰民安"、"合境平安"，中间饰一周竖条底纹、宝相花；下部铸有双龙、莲花两组，及一周海水水波纹，口部外撇。该钟原藏于新加坡天福宫，2004年新加坡福建会馆捐赠。

（潘少红）

238. 清同治天福宫木烛台

清同治八年（1869年）
底座长69、宽66、高62、柄直径4.6、高111、烛高154厘米

木质。一对。新加坡天福宫（亦称"妈祖宫"）创建于1840年，系福建籍华侨建造，旧为新加坡福建会馆。供奉护航之神"妈祖"。妈祖又称天妃、天后、天上圣母，是历代船工、海员、旅客、商人和渔民共同信奉的神祇。华侨出洋，海上航行经常受到风浪的袭击而船沉人亡，故把妈祖信仰也带到南洋等地并立庙供奉。这对烛台是信众还愿答谢之礼。

烛台由底座、细柄、圆柱体烛台三部分组成，烛台下部为细柄，插于底座，圆柱体烛台上端刻描金花卉纹，下端刻仰莲瓣纹。两烛台形制装饰相同，唯所刻文字可合为一联，上联刻双钩线楷书"圣德参天万民吉庆"，上款"同治八年元月吉旦"，下联为"母仪配后四海安澜"，下款"玉口坡尾弟子林妈贤答谢"，字均描金。整体造型古朴大气，历经百年仍保存完好。2004年新加坡福建会馆捐赠。

（陈丽萍）

239. 清光绪 "惟德明馨" 牌匾

清光绪三十二年（1906年）

长181、宽78、厚4.5厘米

木质。此物为新加坡天福宫旧藏。底纹为浅浮雕祥云龙凤纹，龙凤在祥云中呈飞翔状，忽隐忽现。其上高浮雕 "惟德明馨" 四字，上款 "大清光绪□□年岁次丙午（1906年）菊月"，下款 "福建省大董事永春李清渊、□邑陈武烈、诏安吴寿珍仝立"。边框饰凸起的折枝宝相花纹，纹饰雕刻流畅、技法娴熟。

从1897年～1915年，陈武烈（生卒年不详，福建海澄人）、李清渊（1841～1911年，永春人）、吴寿珍（1856～1909年，诏安人）三人为天福宫领导人。该牌匾应由当时的福建会馆领导人立于天福宫，以示对妈祖的景仰。2004年由新加坡福建会馆捐赠。

（陈丽萍）

240. 爪亚巴达维亚中华会馆赠驻和中华会 "导育侨胞" 题匾

民国三年（1914年）

长112、宽56、厚3.5厘米

木质。该匾的底子以金漆如意云纹为主体，散布暗八宝、蝙蝠、折枝花卉等图
案。上有阴刻的黑字，皆为繁体楷书，中间是大字 "导育侨胞"；两边是小
字，右边为 "驻和中华会惠存"，"和"即荷兰，"中华会"为荷兰荷属东印
度华裔留学生团体，成立于1911年；左边为 "中华民国三年爪亚巴达维亚中华
会馆敬赠"，"爪亚"即爪哇，"巴达维亚"即今雅加达，"巴达维亚中华会
馆"为荷属东印度华侨社团，成立于1900年。该匾为1997年荷兰吴银泉捐赠。

（李丽）

241. 龙山堂赠曾江水 "瑞霭华堂" 题匾

近代

长177.3、宽74、厚4厘米

木质。该匾的底子以金漆如意云纹为主体，散布暗八宝、蝙蝠、折枝花卉图案。上有阴刻文字，皆为繁体楷书，中间是黑色大字 "瑞霭华堂"。两边是红色小字，右边为 "大董事江水宗台莺鸣乔木"，其中 "大董事江水" 即曾江水（1870~1941年），生于马六甲，祖籍同安禾山（今属厦门禾山），因投资橡胶种植成为当时马六甲的首富，多次蝉联马六甲中华商会会长，还曾是马六甲福建会馆的领导人。热心社会公益事业，倡办华文教育，1912年创办培风中小学校，1919年捐50万元为仰光华侨中学购地作为校址。30年代初捐巨款支持厦门大学，此外还捐助新加坡华侨中学、马六甲中华中学及厦门中山医院等。左边为落款 "龙山堂诸同人敬献"，其中 "龙山堂" 应为曾姓的重要派系——"龙山衍派" 的一个宗祠或宗亲组织，曾江水即出于这一衍派。该匾为2004年曾江水后人委托新加坡陈立人捐赠。

（李丽）

242. 萃英书院匾额

长191、宽86.5厘米

木质。四边凸起，雕花卉图案。底部为绿色，"萃英书院"四字与花卉图案
均描金。花卉图案的底色为红色，纹饰雕刻古朴大方。

萃英书院创建于1854年，是祖籍永春的陈金声在新加坡所创办的华文私塾，
也是新加坡最早的华校之一。1954年后并入福建会馆主办的学校。校名"萃
英"之意"萃者聚也，英者英才也，谓乐得英才而教育之"。2004年新加坡
华人陈来华先生捐赠。

（陈丽萍）

243. 福建会馆馆牌

现代

长79、宽51.5厘米

铜质。盾形，上部为"新嘉坡福建会馆"和大写英文字母"H.K.H.K."，中间为帆船图案，饰云纹，下部为1955年9月18日落成的福建会馆大厦图案。

新加坡福建会馆是新加坡历史最久、规模最大、实力最强、最有影响力的华人社团之一。自成立以来，致力于保存与发扬中华文化，积极参与新加坡经济发展、支持社会福利慈善事业和华文教育事业。该馆牌2004年由新加坡华人陈来华先生捐赠。

（陈丽萍）

244. 土生华人金腰带

现代

长86、宽6.7厘米

金质。这种腰带是土生华人女子较为常用的佩饰。此腰带由16片近似方形的带板和较大且近似菱形的带扣组成，造型基本相同，每片以镂空的花卉为底，上有中国传统的吉祥物——麒麟，在设计上明显受到中国文化的影响。土生华人或称峇峇，泛指在马来西亚、印尼或新加坡居住数百年，在文化上受到马来人或其他非华人族群影响的华人。其先辈于中国明朝或以前移民到东南亚，多与马来人混血。其后代男性称为峇峇，女性称为娘惹。那些从小受英式教育的华人也被称为"峇峇"。土生华人亦特指一个华人族群，他们集中在马六甲、槟城和新加坡，讲马来语，自称为"Peranankan"，即马来语"土生的人"。土生华人的生活用语和方式受马来文化影响，但风俗习惯和祭祀庆典依然在很大程度上保留了中华传统，形成一种独特的土生华人文化。该腰带为2001年新加坡陈立人捐赠。

（李丽）

245. 土生华人祭祀用青花瓷器

清

口径22~9.5、高7.7~2.1、底径10.2~4.1厘米

这组瓷器是土生华人祭祀时使用的，包括大小不一的碗和盘，都带有青花花
卉文饰，底款都为"大清年制"，应产自中国。这套瓷器为2002年林陈宝玲
捐赠。

（李丽）

246. "石塘家冢谢"款青花瓷

1914年

大盘直径28.1、高4.5，碗直径11.5～21.5、高4.5～6.5，汤匙长12.8厘米

青花瓷一套。这套瓷器包括大盘、碗、汤匙、碟，主体纹饰为青花缠枝花卉，边饰回纹，正反面都印有"石塘家冢谢1914"字样并配有英文字母"CHEAHSEK. TONG. PRIVATE. CEMETERY. PENANG. "。胎质细腻，釉质莹润。

该套瓷器是厦门海沧谢氏家族当年在国内订制并带往海外使用的祭祖器皿。对于研究早期海外侨胞的生活、创业史具有重要价值。2004年由马来西亚华人谢仁忠先生捐赠。

（陈丽萍）

247. 林义顺祝贺友人结婚如意牌

1926年
长24、宽20.5厘米

木质、金属质地。造型为如意形与盾形的结合，以磨光红木为底，上嵌略小的同形铜锡合金板
装饰，其正中錾刻双钩线竖书"百年好合"四个大字。上、下款分别錾刻"中华民国十五年元
月十六日"、"林义顺敬贺"等字。四周饰浅浮雕梅花、菊花和喜鹊等吉祥图案，清丽典雅，
寓意美好幸福。2004年由新加坡华人陈来华先生捐赠。

林义顺（1879～1936年）字发初，号蔚华、其华，祖籍广东省汕头市金平区岐山马西村。早
年在新加坡参加"同盟会"，追随孙中山先生，参与推翻清政府、讨袁、护法、北伐诸役，积
极投身中国民主革命。后半生作为一名富商和爱国侨领而闻名于世。在开发、建设新加坡，领
导侨胞促进当地社会进步，支援国内革命、赈灾拯溺等方面都有突出的贡献。

（陈丽萍）

248. 木雕供桌

现代

这组供桌包括木雕神龛、木雕髹漆条案和木雕髹漆方桌共三件，为马六甲富商曾江水家族家居摆设。

这些家具是海外华侨华人保留中国文化传统和生活习俗的真实反映。2001年，曾江水后人自澳大利亚运往新加坡，在陈立人先生帮助下转运厦门，捐赠华侨博物院。

木雕神龛

长72、宽 45.8、高88.1厘米

两条龙柱呈对称形，装饰在神龛的前部两边，下有柱础，用透雕和深浮雕技法，立体感强。中间下部雕五块开光透雕花卉、麒麟纹饰，两根方形立柱上各雕一狮子，栩栩如生。上部雕英雄人物、神仙故事，深浮雕、浅浮雕、阴刻、线雕等各种技法集于一身。底座四角各雕一瑞兽，呈立体圆雕，四边用浅浮雕双龙戏珠和花鸟纹饰，造型为如意形。

木雕髹漆条案

长201.6、宽80、高124.3厘米

整体略带弧形，三边雕夔龙、老虎、蝙蝠、牡丹、炉瓶插花等图案，用深浮雕、浅浮雕和透雕技法，上下五层工雕刻，四足用高浮雕刻花卉装饰，古朴大方。

木雕髹漆方桌

长103.3、宽106.4、高89厘米

用深浮雕、浅浮雕和透雕技法，上下五层工雕刻花卉图案，雍容华贵。

（陈丽萍）

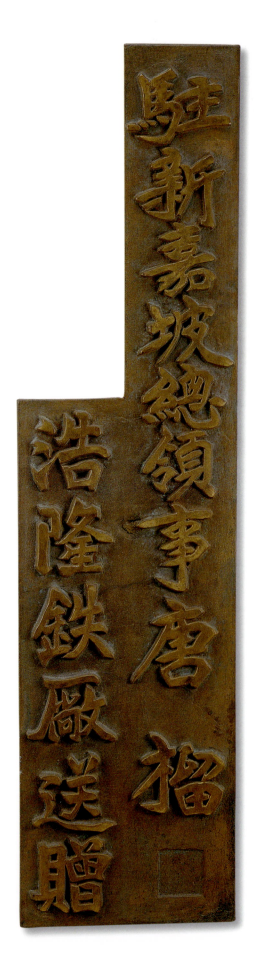

249. 浩隆铁厂送赠唐榴铜牌

20世纪20年代

长52、宽23.5、厚1.5厘米

铜质。铸造铭文为"驻新加坡总领事唐榴　浩隆铁厂送赠"。唐榴(1899～1979年)，广东珠海南屏人，字念慈，中华民国首任内阁总理唐绍仪长子。毕业于上海复旦大学，后留学美国。历任中国驻美国使馆随员，驻英国使馆秘书，北京政府司法部秘书，外交部秘书。民国十七年(1928年)9月，任驻英属新加坡总领事。此铜牌2004年由新加坡华人陈来华捐赠。

(陈丽萍)

250. 新加坡南洋大学校舍瓦当、滴水

现代

瓦当长25.8、宽11、高9厘米

滴水长27.5、宽21、高10厘米

陶胎绿釉。这两件南洋大学校舍瓦当和滴水，上有"南大"字样，滴水上饰云纹。南洋大学1953年由新加坡福建会馆主席陈六使倡议，倡办过程中，获得当地华人社会各阶层人士的积极支持；建校的人力、物力全部来自民间。1956年正式开学，是当时除中国大陆、台湾及港澳地区外唯一一所华文大学。1980年南洋大学关闭。这两件瓦当滴水为2004年新加坡陈来华捐赠。

（李丽）

251. 新加坡南洋大学史地学系旅泰考察团赠李光前的木盘

1960年
直径36厘米

木质。此盘为装饰用浅盘，收口斜壁，平底圈足。盘心有大象和武士图样的浮雕以及草地图样的阴刻，盘心下部题有"1960"字样，盘壁上部题有"拿督李光前先生惠存"字样，盘壁下部题有"南大史地学系旅泰考察团敬赠"字样。李光前（1893～1967年）生于福建省南安县梅山芙蓉乡，当代新、马以至整个东南亚地区杰出的华人企业家、教育家和慈善家，因其对当地社会的贡献获封"拿督"勋衔，曾积极支持建立新加坡南洋大学并认捐所有捐款总数的10％。此盘为2004年新加坡陈来华捐赠。

（李丽）

252. 方由传新式算盘

当代

长38、宽21.5、厚3厘米

木、塑料等质。长方形，木质框架，上部每档有鼓形算珠一个，下部每档有鼓
形算珠五个。马来西亚方由传发明的这种新式算盘，特点是定位方便，不背口
诀，除计算加、减、乘、除外，还可计算开方和分数，易学易懂。此算盘为
1994年方由传捐赠。

（李丽）

253. 陈德仁手稿

当代

长26、宽18.4厘米

纸质。陈德仁（1917～1998年）祖籍广东南海，生于神户，在第二次世界大战后，在重振神户华侨社会、重建中华同文中学中，功勋卓著。多次担任神户中华总商会会长、中华同文学校理事长。还长期致力于华侨历史资料的收集和孙中山在神户活动史迹的研究，创办神户华侨历史博物馆和孙中山纪念馆。是神户华侨社会领袖、日本华侨学者。这三份陈德仁以日文撰写并于1998年捐赠的手稿内容涉及神户华侨历史、中华同文学校校史及孙中山在神户的活动。

（李丽）

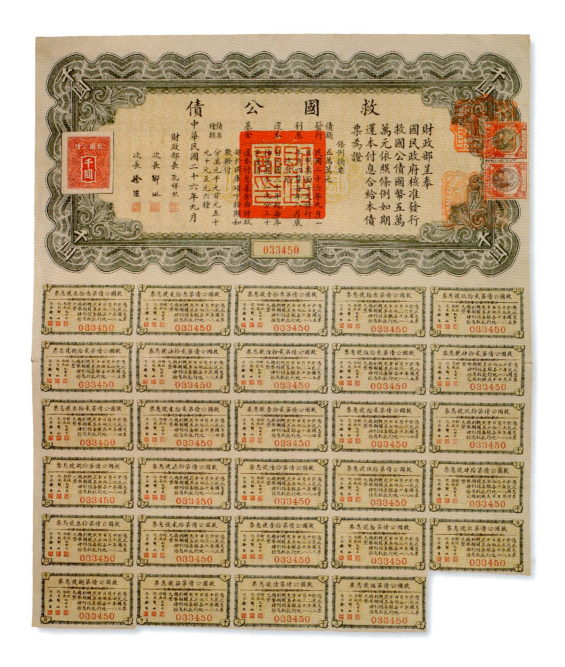

254. 救国公债

1937年

长31.5、宽27厘米

纸质，彩色印刷。正面图案、边框和四角上的面额数字，均以蓝色印刷。左边印有一红色方框，框内是留白印刷的"救国公债"和"千圆"字样。票面正中盖有朱红色篆书"财政部印"，还有财政部长孔祥熙、次长邹琳、徐谌的签名和印章。编号"033450"。

1937年7月7日"卢沟桥事变"后，财政部为应军费急需呈奉国民政府核准于民国二十六年（1937年）9月1日发行了"救国公债"。救国公债的债票系无记名连息票式。息票正面印"凭此息票于民国五十七年八月三十一日向各地中央银行或其委托机关领取到期利息国币肆拾圆整"，并印有财政部长和次长的签名和印章，息票与债票连印，号码相同。原有33张，每年用1张，现尚存息票29张，说明息票已兑付4次。债票反面印有与正面中文相同的英文，是特为方便海外华侨购买而设计的。新加坡陈来华先生2004年捐赠。

（钟志诚）

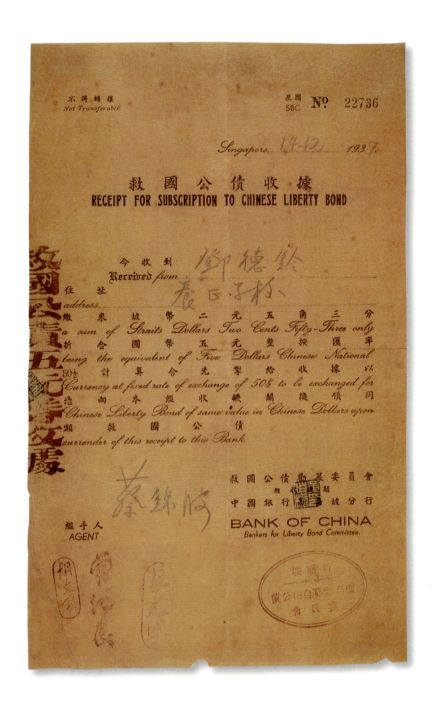

255. 救国公债收据

1937年

长27.7、宽17.4厘米

纸质。此为编号22736的救国公债五元券收据，由救国公债劝募委员会经由中国银行新加坡分行发行。新加坡陈来华先生2004年捐赠。

（钟志诚）

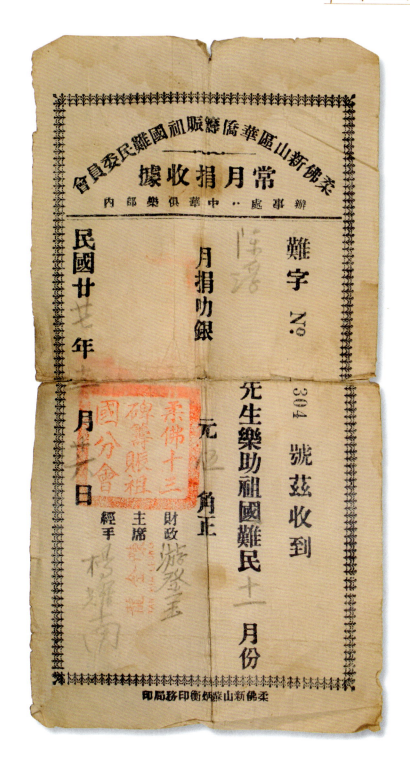

256. 马来亚柔佛州新山区华侨筹赈祖国难民委员会常月捐收据

1938年

长21、宽10.8厘米

纸质。1937年7月7日，日本悍然侵略中国，东南亚华侨纷纷成立抗日救亡团体，组织华侨踊跃捐款，支援祖国抗战。为了得到殖民当局认可，这些团体多以筹赈祖国难民的名义出现，此为马来亚柔佛州新山区华侨筹赈祖国难民委员会的筹款收据。陈飞龙捐赠。

(颜如璇)

257. 南侨总会会员章

1938年

直径 2.6 厘米

铜质。南洋华侨筹赈祖国难民总会,简称南侨总会,1938年10月10日在新加坡南洋华侨中学召开的代表大会上成立,作为统一领导南洋华侨抗日救国运动的总机构。陈嘉庚被推选主席,庄西言、李清泉为副主席。会址设在新加坡。总会之下共设702个分会。1938年10月至1941年底,南侨总会领导南洋1000万华侨出钱出力,积极支援祖国抗战,并有3200名华侨机工到中国滇缅公路服务。南侨总会至1942年2月15日日本攻陷新加坡时停止活动。

南侨总会会员章为圆形,章的中心图案由一朵浮雕五瓣梅花组成,五花瓣内自上而下分别有"南侨总会、七·七、建国"等字样。2002年陈来华捐赠。

(杨阳)

258. 马来亚雪兰莪州华侨筹赈祖国难民委员会捐款章

1938年

直径3厘米

金属质。抗战初期,为了源源不断地支持国民政府的军费开支,海外华侨推行"常月捐",每人或每户按月缴纳固定的抗日捐款。此为马来亚雪兰莪华侨捐款徽章。徽章为圆形,上方有一梅花,内有"筹"字;中央为中华民国国徽,内有"月捐"和"雪兰莪华侨筹赈祖国难民委员会"字样,下标"民廿七年";国徽外红底金字分别刻有12个月份,外环对应12个"交"字。2004年陈来华捐赠。

(颜如璇)

259. 马来亚霹雳州华侨筹赈祖国难民委员会月捐徽章

1941年

长3、宽3厘米

金属质。此为马来亚霹雳州华侨筹赈祖国难民委员会月捐徽章。徽章为盾形,顶端有"民国三十年"字样,其下一红色飘带,上书"霹雳华侨筹赈祖国难民委员会",章的中心以蓝色衬底,上有一朵白色五瓣梅花,内书"月捐"二字,梅花边上白底金字分别刻有12个月份,外环对应12个空格。2004年陈来华捐赠。

(颜如璇)

260. 华侨机工回国服务荣誉纪念章

1938年

直径3.5、通长7.1厘米

金属质。此为1939年国民政府军事委员会西南运输处赠予每位南侨机工的荣誉纪念章。纪念章为圆形,上方配有小链条;中央图案以中国地图衬底(黄色、蓝色),上为紧握方向盘(红色)的司机(银色);图案上方的阴文从右至左为"华侨机工回国服务团荣誉纪念章";下方阴文为"保卫祖国";左右各有一颗五角星(黄色)。纪念章背面有阳文"军事委员会西南运输处赠";章号"1881"。1994年殷华生捐赠。

(颜如璇)

261. 云南华侨互助会证章

直径 2.9厘米

金属质。1942年5月,滇缅公路被日寇切断后,西南运输处车队大多解散,因政府安置不力,许多南侨机工报国无门,求归无路,流离失所。1943年新加坡华侨社会活动家侯西反等人组织"云南华侨互助会",收容、解救陷入困境的南侨机工。此为云南华侨互助会会员证章。1994年殷华生捐赠。

(颜如璇)

262. 南侨机工复员纪念章

直径 2.9厘米

金属质。战后,经多方努力,机工复员问题得到解决。一千多名机工相继回到侨居地。行前,云南社会各界召开大会欢送复员的南侨机工,此为大会赠给复员机工的纪念章。1994年殷华生捐赠。

(颜如璇)

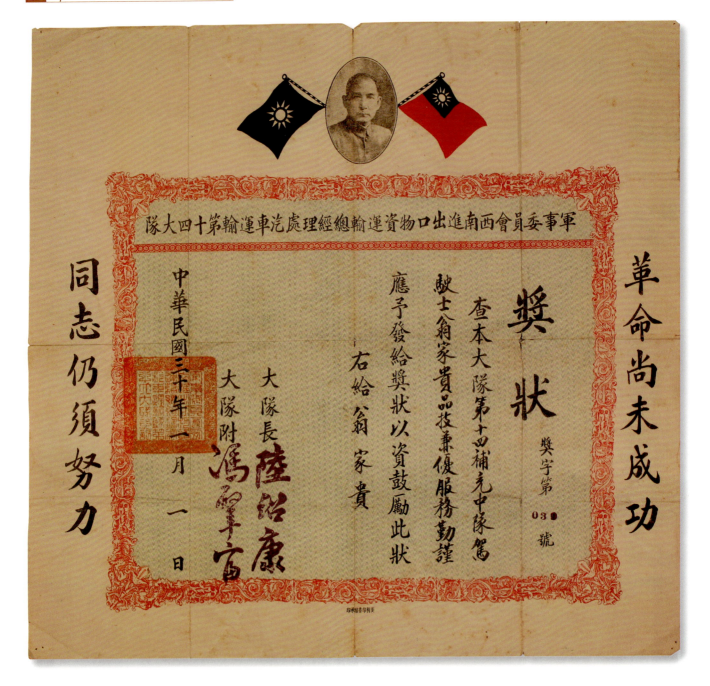

263. 中华民国军事委员会西南运输处奖状

纵39.2、横36.7厘米

纸质,石印、毛笔填写。西南运输处全称"军事委员会西南进出口物资运输
总经理处",又称西南运输公司。1937年10月成立,是抗日战争时期我国最
大的国际运输机构。先后成立了19个汽车运输大队和由归国华侨司机组成的
2个华侨运输大队。在敌机空袭频繁,道路条件极差的境况下,西南运输处通
过滇缅公路为抗日战争运入了大量物资。

该奖状是1941年1月1日,军事委员会西南进出口物资运输总经理处汽车运输
第十四大队颁发给其第十四补充中队驾驶员翁家贵的奖状,以表彰他品技兼
优服务勤谨。奖状编号第39号。南侨机工翁家贵捐赠。

(杨阳)

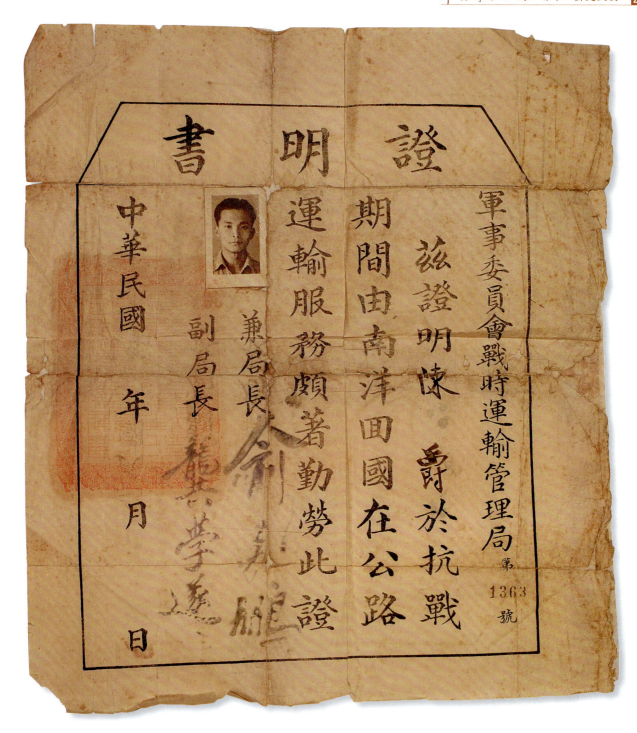

證明書

軍事委員會戰時運輸管理局　第1363號

茲證明陳　爵於抗戰期間由南洋囬國在公路運輸服務頗著勤勞此證

兼局長　俞　飛　鵬

副局長　龔學遂

中華民國　年　月　日

264. 中华民国军事委员会战时运输管理局证明书

纵26.7、横 24 厘米

纸质，石印、毛笔填写。军事委员会战时运输管理局颁发给陈爵的证明书，证明其在抗战期间由南洋回国在公路运输服务颇著勤劳。为第1363号证书。南侨机工陈爵捐赠。

（杨阳）

265. 毛毯

长183、宽152厘米

毛呢质地。1940年3月，陈嘉庚先生以"南侨总会"主席名义，率领"南洋华侨回国慰劳视察团"（简称"南侨慰劳团"）携带大批慰问品回国慰问和视察。此为赠送给南侨机工的毛毯。南侨机工罗开瑚捐赠。

（杨阳）

266. 南侨机工使用的物品

美式水壶长20、宽13.5、高8.8厘米

腰带长117、宽6.5厘米

螺丝刀长24.2、宽2.6厘米

牙缸口径6.8、高12厘米

毛毯长200、宽167厘米

抗日战争时期南侨机工使用的物品。依次为机工陈飞龙所使用的水壶、机工刘
传授所使用的腰带、机工韩利丰所使用的螺丝刀、机工张财所使用的牙缸、毛
毯。南侨机工捐赠。

（杨阳）

267. 中华民国侨务委员会颁发的奖状

1946年
长33.5、宽26.7厘米

纸质，彩色印刷。蓝色边框，边框上方两边为青天白日党旗、国旗，中间为孙中山像。边框内为"侨务委员会奖状，华侨机工翁家贵，热心爱国，敌忾同仇，抗战军与应募服务，前后七载，备致勤劳，应予嘉奖。委员长陈树人。中华民国三十五年四月　日"。框内左边盖有朱红色篆书"侨务委员会印"。中间偏左为翁家贵黑白半身免冠照片。翁家贵1914年出生于海南。15岁离开家乡远赴南洋，到了马来西亚吉隆坡，以开出租车为生。1939年，报名参加南侨机工回国服务团，奔赴滇缅公路。翁家贵捐赠。

（钟志诚）

268. 南侨机工赠邱新民 "侨工导师" 纪念杯

1947年
口径7、底径8、高20.2厘米

银制。纪念杯由节状杯座、杯身、双耳组成，杯身上錾刻"邱新民先生惠存、侨工导师。全体南侨回国服务机工敬献"等字，"侨工导师"为双钩线隶书体。

邱新民（1914～1995年），祖籍福建海澄县，出生于新加坡。1932年就读于厦门大学，1941年再入云南昆明西南联大地质地理气象系深造。抗战时期，他在昆明参与办理南侨机工回国服务的工作，抗战胜利后，他与白清泉一同处理机工复员的工作，历尽艰辛。此奖杯邱新民1995年捐赠。

（钟志诚）

269. 菲律宾华侨抗日游击支队行军床

长 196.8、宽78.5、高42厘米

木结构折叠式帆布行军床。菲律宾华侨抗日游击支队是二战期间由中国旅菲
侨民自发组建的抗日武装。1942年5月19日，分散于菲律宾人民抗日军各支队
的华侨队员，集合成独立作战单位，称为"华侨抗日游击支队"（简称"华
支"，英文为"WHA CHI"），又名"48(华侨)支队"，"48"的含义是新
四军和八路军，表示对这两支以游击战术著称的中国抗日部队的景仰。"华
支"转战吕宋岛13个省份和马尼拉市，队员发展到700多人，华侨青年英勇杀
敌，积极作战，先后作战260多次，歼敌2000余人，缴获大批武器、弹药和其
他战利品，给敌人以沉重的打击，积极推动了菲律宾华侨的抗日运动。该行
军床是华支队员陈振民使用过的，1994年由其侄儿陈衍德捐赠。

（杨阳）

PHILIPPINE GUERRILLA UNITS
GOLDEN ANNIVERSARY

THE PHILIPPINE POSTAL CORPORATION PRESENTS THIS SOUVENIR FRAME TO THE **CHINESE 48TH GUERRILLA SQUADRON · NCR, VFP · 20TH DISTRICT,** CONTAINING STAMPS AND FIRST DAY COVER ISSUED ON DECEMBER 7, 1992, COMMEMORATING THE GOLDEN ANNIVERSARY OF THE RECOGNIZED GUERRILLA UNITS OF WORLD WAR II.

JORGE V. SARMIENTO
Postmaster General

MANILA

270. 菲律宾华侨抗日游击支队纪念邮票

长62.3、宽52厘米

纸质。1992年5月，菲律宾政府邮政局为纪念太平洋战争中在菲英勇抗击日军、立有显赫战功的菲律宾联合游击队而发行的一套纪念邮票。其中编号"48"的邮票是为纪念"华侨抗日游击支队"而作。

（杨阳）

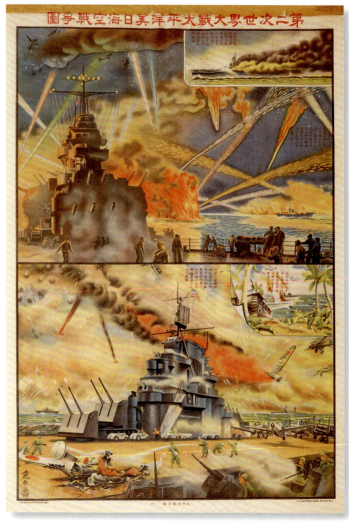

271. 庆祝二战胜利宣传画

1945年

长52、宽76厘米

纸质，彩色印刷。1945年8月15日，日本宣布无条件投降，二战结束。此为一组流传于新加坡、马来亚的宣传招贴画。整组宣传画左下角印有"上海平济利路陈正泰印刷厂出品"，右下角印有"上海四马路陈正泰发行，版权所有，翻印必究"。

"日军全部投降"。1945年9月9日上午9时，侵华日军

投降签字仪式在南京国民政府中央军校礼堂举行，侵华日军总司令、日本投降代表冈村宁茨签订了无条件投降书。此宣传画由7幅画面组成，对投降签字仪式的全过程进行描述，画面效果强烈、鲜明。其中上半部主体画面的右下角署名"飞南"。

"第二次世界大战太平洋美日海空战图"。太平洋战争是第二次世界大战的一部分，是日本和美国等同盟国家间的主战场，战争爆发自日本海军于1941年12月7日偷袭美国在太平洋的军事重地珍珠港，结束于1945年8月15日日本宣布无条件投降。在太平洋战争中，日本海军与

美国海军的战斗为历史上最大的海战。此宣传画由2幅画面组成，描述了日美太平洋海战的惨烈。

"第二次世界大战中美联合反攻大战图"。1944年底，中美英盟军集中兵力于中缅印战区发动攻势。此宣传画上半部画面描述了中美盟军在丛林中与日军展开激战的场景，下半部画面描述盟军利用伞兵配合，攻克考来基陀的战役。

"第二次世界大战联合国海陆空联军在法国诺曼底登陆战争图"。诺曼底登陆战役发生在1944年6月6日，是第二次世界大战中盟军在欧洲西线战场发起的一场大规模攻势。诺曼底战役是历史上最大的一次海上登陆作战，近三百万士兵渡过英吉利海峡前往法国诺曼底。此宣传画描述了诺曼底战役的宏大场面。宣传画下半部偏右署名"秀堂"。

此组宣传画由新加坡陈来华2003年捐赠。

（钟志诚）

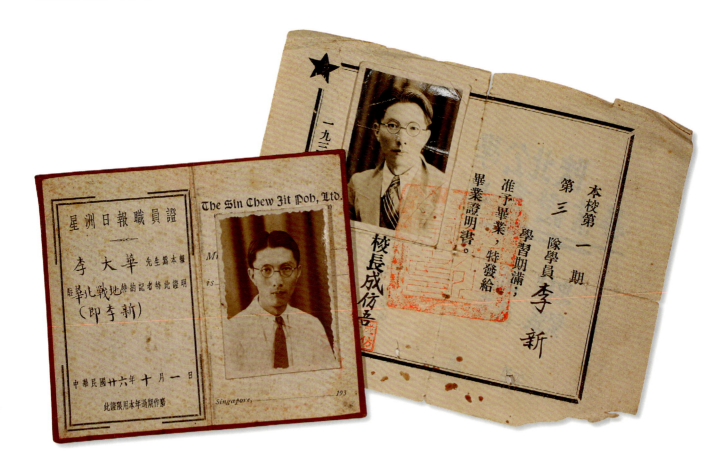

272. 李大华记者证及陕北公学毕业证

李大华记者证（1937年）
长12.4、宽10.3厘米

纸质，黑白印刷。左边印有黑体方框，方框内为"星洲日报职员证。李大华先生为本报驻华北战地特约记者，特此证明（即李新）。中华民国廿六年十月一日。此证限用本年过期作废"。右边为李大华黑白半身免冠照片。

李新（李大华）陕北公学毕业证（1938年）
长16.8、宽13厘米

黑体方框，左上角印有黑体五角星。框内为"本校第一期第三队学员李新，学习期满；准予毕业，特发给毕业证明书。校长成仿吾"。左上部为李新黑白半身免冠照片。
李大华1924年毕业于厦门中华中学，其后以教书作掩护进行革命斗争。1937年冬，以新加坡《星洲日报》记者身份辗转到革命圣地延安，考入陕北公学。毕业后仍以《星洲日报》派驻中国华北战地记者的身份，在华北敌后根据地从事采访工作。1943年被捕，被捕后备受折磨。同年5月16日，在福建建瓯县监狱被折磨致死。马来西亚杨亚利1991年捐赠。

（钟志诚）

273. 黄登保遗物

二级解放勋章直径5厘米

三级独立自由勋章直径5厘米

朝鲜自由独立勋章直径5.8厘米

模范党员证长6、宽9厘米

钢笔长13.5厘米

护照长15、宽25厘米

黄登保（1918~1988年）归侨将军。福建厦门人。1935年到菲律宾谋生，一面当店员，一面参加抗日救亡活动，于1937年加入菲律宾龙马疙地抗敌后援会。1938年返国，任延安炮兵学校队长等职。后在东北战场上历任炮校大队长、炮兵湾团长、炮兵师参谋长等职业。直接指挥炮兵参加辽沈、平津等重大战役。中华人民共和国成立后，历任炮兵师副师长、军事学院炮兵系副主任、炮兵学院训练部副部长、炮兵司令部副参谋长、炮兵副司令等职。指挥炮兵部队参加过抗美援朝中的第一、二、三次战役和夏、秋季防御战役等。1994年黄玉燕、黄瑞云捐赠。

（杨阳）

后 记

　　《华侨博物院藏品精华》，在著名爱国华侨领袖陈嘉庚先生创办华侨博物院五十周年之际面世，这是很有纪念意义的。作为华侨博物院第一次出版的藏品图录，它的问世，标志着华博的收藏和研究工作上了新台阶。

　　华侨博物院的文物藏品有它的许多特殊性，它的来源渠道多，类别多，所涉及的学科领域也比较多。许多精美之物，限于条件，人们平常也难得一睹芳容。作为陈嘉庚先生亲自创办的全球第一座华侨博物院，它的院藏，自然也是大家非常关心的。虽然我们对院藏文物丰富内涵的认识还很不够，甚至可能存在谬误，但我们还是希望早日将院藏文物精品展现给读者共享。因为要穷究藏品之义再行出版，又恐有失诸君所望。我院以促进交流、推进研究为目的，从近万件藏品中精选部分，盖以藏品之精神，补我之拙，提供同好赏析，匡我不逮。

　　《华侨博物院藏品精华》的出版，凝聚了华博研究人员的心血，是集体智慧的结晶。文物典藏部承担了藏品的初选，并会同业务部室共同商定入选藏品，力求去伪存真，去粗取精，更为全面地反映本院藏品的主要价值和特色。限于篇幅，也难尽显精华。藏品的说明条目，是由本院研究人员林翠茹、陈启建、曾焕光、赵宏伟、颜如璇、杨阳、钟志诚、李丽、潘少红、陈丽萍10位研究人员分工撰写，许汉阳负责装帧设计，林翠茹负责编辑编务、联络等工作，谢美华协助条目选定和组织撰写。本书由丁炳淳策划并统稿审定。文物出版社领导及编辑、摄影、印制等相关人员为本书的出版给予大力的支持，谨此一并致以由衷的感谢！

《华侨博物院藏品精华》编辑委员会

2009年10月